Nesrine Trimecne

Reconnaissance des mots arabes manuscrits hors ligne

Nesrine Trimeche

Reconnaissance des mots arabes manuscrits hors ligne

Éditions universitaires européennes

Impressum / Mentions légales

Bibliografische Information der Deutschen Nationalbibliothek: Die Deutsche Nationalbibliothek verzeichnet diese Publikation in der Deutschen Nationalbibliografie; detaillierte bibliografische Daten sind im Internet über http://dnb.d-nb.de abrufbar.
Alle in diesem Buch genannten Marken und Produktnamen unterliegen warenzeichen-, marken- oder patentrechtlichem Schutz bzw. sind Warenzeichen oder eingetragene Warenzeichen der jeweiligen Inhaber. Die Wiedergabe von Marken, Produktnamen, Gebrauchsnamen, Handelsnamen, Warenbezeichnungen u.s.w. in diesem Werk berechtigt auch ohne besondere Kennzeichnung nicht zu der Annahme, dass solche Namen im Sinne der Warenzeichen- und Markenschutzgesetzgebung als frei zu betrachten wären und daher von jedermann benutzt werden dürften.

Information bibliographique publiée par la Deutsche Nationalbibliothek: La Deutsche Nationalbibliothek inscrit cette publication à la Deutsche Nationalbibliografie; des données bibliographiques détaillées sont disponibles sur internet à l'adresse http://dnb.d-nb.de.
Toutes marques et noms de produits mentionnés dans ce livre demeurent sous la protection des marques, des marques déposées et des brevets, et sont des marques ou des marques déposées de leurs détenteurs respectifs. L'utilisation des marques, noms de produits, noms communs, noms commerciaux, descriptions de produits, etc, même sans qu'ils soient mentionnés de façon particulière dans ce livre ne signifie en aucune façon que ces noms peuvent être utilisés sans restriction à l'égard de la législation pour la protection des marques et des marques déposées et pourraient donc être utilisés par quiconque.

Coverbild / Photo de couverture: www.ingimage.com

Verlag / Editeur:
Éditions universitaires européennes
ist ein Imprint der / est une marque déposée de
OmniScriptum GmbH & Co. KG
Heinrich-Böcking-Str. 6-8, 66121 Saarbrücken, Deutschland / Allemagne
Email: info@editions-ue.com

Herstellung: siehe letzte Seite /
Impression: voir la dernière page
ISBN: 978-613-1-58072-7

Nesrine trimech

Reconnaissance des mots arabes manuscrits

hors ligne à l'aide des réseaux bayésiens dynamiques

Remerciements

Arrivant à l'aboutissement de ma tâche, je me trouve dans l'obligation respectueuse de devoir présenter mes chaleureux remerciements comme expression de ma reconnaissance et témoignage de ma gratitude à tous ceux qui ont contribué aimablement et avec patience à l'élaboration de ce projet du mastère.

Nous tenons tout d'abord à remercier vivement notre encadreur monsieur **Mohamed Ali Mahjoub** maître assistant à l'Institut Préparatoire aux Etudes d'Ingénieurs de Monastir, pour son encadrement continu, les remarques et les conseils constructifs et la motivation qu'il nous a fournis tout au long la période de projet pour mener à bien ce travail.

Nous tienons à exprimer mon respect et ma profonde gratitude à Madame **Najoua Essoukri Ben Amara**, Professeur à l'école national d'ingénieur de Sousse, de m'avoir accueillie au sein de son unité de recherche SAGE (Systèmes Avancés en Génie Electrique) et de m'avoir ouvert l'opportunité d'effectuer mon mastère au sein d'une équipe de chercheurs et de sérieux. Particulièrement, je remercie Melle. **Khawla Jayech** pour leur aide.

Nos meilleurs remerciements s'adressent aux membres du jury qui nous ont fait l'honneur de juger ce travail.

Dédicaces

Aux plus proches de mon cœur :

Mon père, Ma mère

Mes frères,

Mes sœurs,

Mes amis,

A tous ceux qui m'aiment,

A tous ceux que j'aime,

Je dédie ce travail.

Résumé

La reconnaissance d'écriture manuscrite arabe reste toujours un problème ouvert. Ceci à cause des difficultés auxquelles sont confrontés les chercheurs et les développeurs, telles que la variabilité de la forme du style et l'inclinaison de l'écriture.

Compte tenu de la nature cursive et connectée de l'écriture arabe manuscrite, nous présentons à travers ce travail notre contribution aux recherches sur l'étude de la reconnaissance de l'écriture manuscrite. La contribution principale de notre travail est la proposition des solutions techniques permettant la réalisation d'un système de reconnaissance. Pour cela, nous proposons des procédures des prétraitements et de segmentation du mot en des caractères arabes. Dans ce rapport nous sommes intéressés principalement à construire un modèle de réseau bayésien dynamique pour la reconnaissance de l'écriture arabe manuscrite. Ce modèle a montré une grande robustesse à la modélisation de l'écriture cursive. Adapté à la hiérarchie du mot arabe bidimensionnel, ce modèle est basé sur un mariage entre le Modèle Markov Caché et le réseau bayésien hiérarchique. Cette structure a été fixée en se basant sur plusieurs paramètres. Notre approche est testée sur la base IFN/ENIT de noms de villes/villages tunisiennes et les résultats sont encourageants.

Mots-Clés : Reconnaissance d'écriture arabe manuscrite, Segmentation en caractères, Réseau bayésien dynamique, Réseau bayésien hiérarchique, Modèle de Markov Caché, Apprentissage des paramètres, Apprentissage de structure, Inférence, IFN/ENIT.

Abstract

The recognition of the cursive texts remains always an open problem. This is because of the difficulties with which the researchers and the developers are confronted, such as the variability of the form, the style, and the slant of the writing. The Arabic handwritten is naturally cursive, difficult to treat and has a great variability.

Because of the cursive and connected nature of handwritten Arabic script, we presented our contribution to researchers on the study of handwriting recognition. The main contribution of this work is the proposal of technical solutions allowing the realization of a system for recognizing of handwriting Arabic script. For this, we propose same technical of preprocessing and segmentation the image of Arabic word into characters. In this report, we are mainly interested in building a dynamic Bayesian Network for Arabic handwritten word recognition. This model of DBN have shown great robustness to the modeling of cursive writing, case of the Arabic Script. Suitable for the hierarchy of the Arabic word into characters, we propose a model of hierarchical bayésien dynamic network who is based on hierarchical bayésien network and Hidden Markov model. The structural of the proposed network has been set based on several parameters. This approach is tested using IFN/ENIT database and the results are promising.

Keywords: Arabic Handwriting Recognition, Segmentation into characters, Dynamic Bayesian Network, Hierarchical Bayesian Network, Hidden Model Markov, Parameter Learning, Structure Learning, Inference, IFN/ENIT.

Sommaire

Liste des Figures

Liste des Tableaux

Introduction générale

L'écriture est toujours au cœur des communications entre les hommes. A l'heure des interactions entre l'humain et la machine toujours plus sophistiquée et performantes à l'aide de « boutons », de microphones ou de caméras, il est naturel de chercher à comprendre automatiquement l'écriture. Depuis les premières tentatives, les systèmes de lecture des adresses pour le traitement automatique du courrier ou la lecture des chèques ont connu d'importants développements et sont maintenant largement utilisés. Toutefois, la compréhension de l'écriture par un ordinateur est encore loin d'être pleinement satisfaisante. La raison est liée au fait que l'étude de la reconnaissance de l'écriture est un domaine très vaste tant par ses applications que par ses techniques.

La reconnaissance automatique de l'écriture manuscrite a suscité un intérêt particulier et des recherches intensives non seulement à cause de l'importance du défi à relever, mais aussi à cause de la grande quantité d'information manuscrite transmise quotidiennement et dans différents domaines.

Il existe cependant plusieurs domaines pour lesquels la reconnaissance de l'écriture est appliquée avec un certain succès : la bureautique avec les systèmes OCR (Optical Character Recognition), le tri automatique du courrier, le traitement automatique de dossiers administratifs des formulaires d'enquêtes [Ramdane 03, Milewski 06], ou encore l'enregistrement des chèques bancaires ou les adresses de carte postales [El-Yaacoubi 02]. La reconnaissance de l'écriture manuscrite est beaucoup plus complexe que celle de l'écriture imprimée, les dégradations affectent très rapidement les performances de reconnaissance. C'est le cas pour les photocopies, les télécopies et les documents typographiés au travers d'un papier Carbonne etc. L'écriture manuscrite varie d'une personne à une autre, comme elle varie pour une même personne selon les circonstances, l'importance et la destination du message écrit [Gazzah 06].

La majorité des solutions proposées a été testée sur l'écriture latine puis appliquée telle qu'elle est pour la reconnaissance de l'écriture arabe. Ces méthodes supposent généralement que les caractères peuvent être isolés par une étape de segmentation. Cette étape de segmentation est possible dans le cas d'un texte latin imprimé, mais très difficile dans le cas de l'écriture cursive ou semi-cursive, le cas de l'écriture arabe.

Malgré l'évolution progressive de la reconnaissance de l'écriture arabe manuscrite durant les dernières années, les performances des systèmes de reconnaissance sont encore bien loin des performances humaines. Différentes contraintes ont été jusqu'à les introduites (niveau du bruit, nombre de scripteurs, taille du vocabulaire, etc.), afin d'obtenir des résultats satisfaisants, la reconnaissance de textes moins contraints reste un objectif à long terme.

Une grande partie des problèmes de reconnaissances de l'écriture est traitée par des méthodes statistiques du fait que ces méthodes ont une certaine capacité d'intégration du

1

contexte, de la variabilité des observations et d'absorption du bruit. Parmi les approches statistiques, les approches stochastiques et parmi elles les approches markoviennes sont largement utilisées pour la reconnaissance automatique de la parole. Cependant, le signal de parole est monodimensionnel alors que les images sont bidimensionnelles. Aussi, les chercheurs sur l'écrit se sont inspirés des idées de leurs confrères de la parole en adaptant des techniques telles que les modèles de Markov cachés aux problèmes spécifiques de la reconnaissance de l'écriture.

Ce mémoire est organisé en quatre chapitres. Le premier chapitre présente les principales caractéristiques de l'écriture arabe, en se focalisant sur les spécificités de l'écriture manuscrite et les différents problèmes lors de la reconnaissance. Il permet aussi d'avoir un aperçu sur les techniques développées jusqu'à ce jour pour la reconnaissance hors ligne de l'écriture arabe manuscrite. Le deuxième chapitre consiste à présenter les modèles des réseaux bayésiens statiques et dynamiques avec leurs principaux types de RB Dynamique et les algorithmes d'apprentissage et d'inférence. Le troisième chapitre comprend une présentation générale de l'architecture de notre système, en commençant par l'étape de prétraitement et par la suite la segmentation qui joue un rôle important dans l'approche proposée. Ensuite, nous décrivons l'étape d'extraction des primitives et la construction de la structure du modèle de réseau bayésien dynamique, leurs paramètres et les algorithmes d'apprentissage et de reconnaissance. Dans le quatrième chapitre, nous présentons les bases de données et les outils utilisés dans les tests et les expérimentations conduites.

Nous finirons ce travail par une conclusion en essayant de mettre en évidence les avantages et les limitations du système présenté. Nous terminons en donnant quelques perspectives à ces travaux.

Chapitre 1 : Etat de l'art : Reconnaissance hors ligne de l'écriture arabe manuscrite

1. Introduction

La reconnaissance de l'écriture est un processus dont l'entrée est une image (un tableau de pixels) et la sortie est un texte informatique. Le champ des applications recouvert par la reconnaissance de l'écriture manuscrite est très vaste : reconnaissance de caractère, mots isolés, textes ou document entiers, plus ou moins contraints. De nombreux travaux ont été effectués dans le domaine de la reconnaissance de l'écriture. La majorité de ces travaux est consacrée à la reconnaissance de l'écriture latine [Belaïd 95] ou chinoise [Suen 03]. Cependant, les recherches sur la reconnaissance optique de l'écriture arabe ne sont pas aussi avancées. En 1980, Amin propose le premier système de reconnaissance de caractères arabes manuscrits saisis à partir d'une tablette graphique [Amin 80]. Le retard est du à la complexité des caractéristiques intrinsèques de l'écriture arabe, au manque d'application réelles et à l'absence de tests et de validations.

Dans ce chapitre, nous commençons par présenter les différents aspects de reconnaissance d'écriture en générale. Ensuite, nous détaillons les caractéristiques générales de l'écriture arabe, avec les difficultés liées à la reconnaissance hors ligne de l'écriture arabe manuscrite, en effet nous présentons les approches des prétraitements et de segmentation déjà étudiées dans les récents travaux. Enfin, nous présenterons quelques bases de données utilisées pour tester les différents systèmes de reconnaissance de l'écriture manuscrite arabe ainsi que les principales recherches sur la base IFN/ENIT.

2. Reconnaissance de l'écriture manuscrite

2.1 Types d'écriture

Les premières recherches sur la lecture de l'écriture manuscrite se sont d'abord penchées sur des systèmes dédiés à un scripteur, puis à un groupe de scripteurs. Les applications dites industrielles traitent une écriture quelconque. Ces systèmes sont omni scripteurs, mais s'aident en général d'un vocabulaire, et d'une syntaxe bien définis, comme dans le cas très contraint des chèques et celui plus large des adresses postales.

D'une manière générale la complexité d'un système de reconnaissance de l'écriture s'évalue suivant trois critères orthogonaux [Belaïd 01] :

- Disposition spatiale du texte : la présentation d'un texte varie globalement entre deux formats : l'écriture contrainte correspondant à une écriture guidée par des cadres (les formulaires par exemple) et l'écriture non- contrainte correspondant à une écriture guidée

3

exclusivement par le scripteur donc extrêmement variable. Les écritures où les internes détachées (écriture en bâtons) sont bien étendues, les plus aisées à traiter du fait de la séparation plus ou moins immédiate des lettres.

- Nombre de scripteurs : la difficulté de traitement croit avec le nombre de scripteurs. Trois catégories d'écritures se distinguent : les écritures mono scripteurs et omni scripteurs. En mode multi scripteurs, le système doit être capable de connaitre l'écriture de plusieurs personnes prédéfinies, alors qu'en omni scripteur il doit s'adapter à n'importe qui.
- Taille du vocabulaire : il existe deux types d'applications, celles qui sont à vocabulaire limité (<100) et celles qui sont à vocabulaire très étendu (<1000 mots). La reconnaissance sera bien plus aisée dans le premier cas puisqu'il sera possible de comparer un mot inconnu avec la totalité des mots du dictionnaire. dans le second cas il faudra bien souvent mettre en œuvre des décisions hiérarchiques pour réduire le temps de calcul et l'encombrement mémoire. La figure suivante (Figure.1.1) présente un schéma synthétique de la complexité des systèmes RAED qui est un système de reconnaissance de l'écrit et de document. Plus l'application s'éloigne du centre du repère, plus la reconnaissance devient difficile.

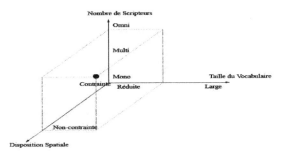

Figure.1. 1Graphe de complexité de Système de RAED

2.2 Reconnaissance en ligne et hors-ligne

La reconnaissance d'écriture possède deux types :

2.2.1 Reconnaissance en ligne

La reconnaissance en ligne se fait en même temps que l'écriture. Dans les applications de reconnaissance d'écriture manuscrite en ligne, l'utilisateur écrit sur une tablette spéciale, le système va reconnaitre l'écriture et envoyer le résultat à l'ordinateur. Donc il faut évidemment un matériel spécifique pour saisir un tel échantillon, c'est le cas notamment des styles numériques ou de stylets sur agendas électroniques ou sur les tablettes pc.

2.2.2 Reconnaissance hors-ligne

Les systèmes de reconnaissances hors-ligne [Lethelier 95] [Parisse 96] sont des approches « image 2-D » et sont destinés à des applications qui ne nécessitent pas un traitement en temps réel telles que les applications bancaires ou postales. Il s'agit de lire le montant manuscrit d'un chèque ou une adresse postale sur une enveloppe dans un centre de tri. Les

4

informations transmises au système seront les pixels d'une image acquise à l'aide d'un scanner ou camera (l'ordre d'arrivée des points n'a plus d'importance) on a aussi l'épaisseur du tracé qui est de plusieurs pixels.

2.3 Notion D'OCR

La reconnaissance optique de caractères est la technique qui permet de transformer un texte imprimé ou scanné (analogique) en un fichier numérique. La technique utilisée par les logiciels d'OCR consiste à isoler les différents signes, à les comparer à sa bibliothèque de symboles. Il est évident qu'un texte manuscrit aura un taux de reconnaissance très faible, même s'il est très bien écrit. Les logiciels d'OCR ont acquis aussi de l'intelligence artificielle en ayant d'une part des dictionnaires syntaxiques et grammaticaux qui contrôlent la cohérence de la lecture. L'OCR connaît des applications pratiques dans plusieurs domaines par exemple : les banques pour l'authentification de chèques, la poste pour la lecture des adresses et le tri automatique du courrier, les télécommunications pour l'échange à distance de fichiers informatisés. L'OCR est évidemment une technique utile, mais jusqu'à maintenant, il n'existe pas de système OCR mais de voies d'approches qui dépendent du type des données traitées et de l'application envisagée.

2.4 Approches de reconnaissance

Deux approches s'opposent en reconnaissance des mots : globale et analytique.

2.4.1 Approche globale

L'approche se base sur une description unique de l'image du mot, vue comme une entité indivisible. Disposant de beaucoup d'information, en effet, la discrimination de mots proches est très difficile, et l'apprentissage des modèles nécessite une grande quantité d'échantillons qui est souvent difficile à réunir. Cette approche est souvent appliquée pour réduire de la liste de mots candidats dans le contexte d'une reconnaissance à grands vocabulaires.

2.4.2 Approche analytique

L'approche analytique est basée sur un découpage (segmentation) du mot. La difficulté d'une telle approche a été clairement évoquée par Sayre en 1973 et peut être résumée par le dilemme suivant : "pour reconnaître les lettres, il faut segmenter le tracé et pour segmenter le tracé, il faut reconnaître les lettres". Il s'ensuit qu'un processus de reconnaissance selon cette approche doit nécessairement se concevoir comme un processus de relaxation alternant les phases de segmentation et d'identification des segments. La solution communément adoptée consiste à segmenter le mot manuscrit en des caractères ou des pseudo-caractères. C'est une méthode de segmentation explicite qui s'oppose à la segmentation interne.

5

3. Reconnaissance de l'écriture arabe manuscrite

3.1. Les caractéristiques de l'écriture arabe manuscrite

L'écriture arabe est semi cursive dans ses deux formes : imprimée et manuscrite, elle s'écrit de droite à gauche. Le nombre de lettres de l'alphabet est de 28 lettres dont la forme change selon la position dans le mot (voir la Figure.1.2).

Caractère	Début	Milieu	Fin	isolé
Alif			ـا	ا
Ba	ـبـ	ـبـ	ـب	ب
Ta	ـتـ	ـتـ	ـت ou ة	ت ou ة
Tha	ـثـ	ـثـ	ـث	ث
Nun	ـنـ	ـنـ	ـن	ن
Ya	ـيـ	ـيـ	ـي	ي
Jim	ـجـ	ـجـ	ـج	ج
Ha	ـحـ	ـحـ	ـح	ح
Kha	ـخـ	ـخـ	ـخ	خ
Dal			ـد	د
Thé			ـذ	ذ
Ra			ـر	ر
Za			ـز	ز
Waw			ـو	و
Sin	ـسـ	ـسـ	ـس	س
Chin	ـشـ	ـشـ	ـش	ش
Sad	ـصـ	ـصـ	ـص	ص
Dhad	ـضـ	ـضـ	ـض	ض
Tad	ـطـ	ـطـ	ـط	ط
Dha	ـظـ	ـظـ	ـظ	ظ
Ayn	ـعـ	ـعـ	ـع	ع
Ghayn	ـغـ	ـغـ	ـغ	غ
Fa	ـفـ	ـفـ	ـف	ف
Qaf	ـقـ	ـقـ	ـق	ق
Kaf	ـكـ	ـكـ	ـك	ك
Lam	ـلـ	ـلـ	ـل	ل
Mim	ـمـ	ـمـ	ـم	م
He	ـهـ	ـهـ	ـه	ه

Figure.1. 2 Les caractères de l'alphabet arabe avec leurs différentes formes.

Figure.1. 3 Exemple d'un mot composé

L'écriture arabe est riche en diacritiques, un signe diacritique est une composante secondaire d'une lettre, qui vient la compléter ou en modifier le sens. Les signes diacritiques peuvent être des points ou d'autres signes tels que hamza, chadda, madda, etc. Ces signes apparaissent au-dessus ou en dessous du caractère uniquement. Le nombre maximal de points que peut avoir une lettre est de la distinction entre certains groupes de caractères (Figure.1.4(a)), ils sont parfois indispensables pour la différenciation entre les mots (Figure.1.4(b)).

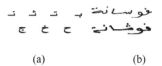

(a)   (b)

Figure.1. 4(a),(b)Exemple de caractères et de mots arabes qui ne se différencient que par la présence, la position ou le nombre de signes diacritiques.

3.2. Les problématiques de l'écriture arabe manuscrite

La reconnaissance de manuscrit arabe est plus difficile que la reconnaissance des manuscrits des autres scripts tels que le latin [Belaid 06]. En effet, les spécificités de l'écriture arabe introduisent un certain nombre de difficultés supplémentaires :

✓ les signes diacritiques jouent un rôle primordial dans la différenciation entre certains groupes de lettres. En plus, leur manipulation n'est pas tout à fait facile : les prétraitements, notamment la suppression du bruit, risquent d'altérer la forme des signes diacritiques ou même les supprimer, la variation des styles d'écritures des diacritiques par rapport à la lettre originale n'est pas toujours préservée (voir Figure.1.5).

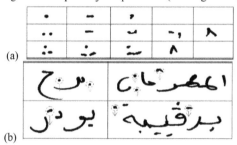

Figure.1. 5 Difficultés liées aux points diacritiques. (a) différents styles d'écriture des points diacritiques. (b) problème d'association des diacritiques à leur originale.

✓ Comme pour l'écriture latine, l'écriture arabe contient des descendants, ces derniers peuvent se prolonger horizontalement sous la bande de base, ce qui introduit une superposition verticale entre le descendant et la lettre suivante et complique la tache de la segmentation ainsi que l'analyse de l'histogramme de projection horizontale.

✓ Ligature verticale : les liaisons entre les caractères arabes d'un pseudo-mot se situe au niveau de la ligne de base, toutefois certaines lettres peuvent êtres liées verticalement constituant ainsi des ligatures verticales, généralement très complexes à segmenter telle que la Figure1.6.

Figure.1. 6 Exemple de ligature vertical

7

✓ En revanche, les connexions indésirables entre les pseudo- mots sont un problème fréquent dans le manuscrit arabe. Ces problèmes figurent souvent entre les successions des descendants qui peuvent se toucher et au niveau des ligatures verticales (Figure1.7(b)), discontinuités qui sont des coupures des tracés, normalement continus des caractères (Figure.1 .7(c)). Ils perturbent l'extraction des pseudo-mots, en d'autre terme, ils peuvent conduire à des sous-segmentations en pseudo-mots en mots. Il'y'a des problèmes liés à la qualité d'écriture telle que l'écriture rectifiée (Figure1.8).

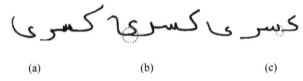

(a)   (b)   (c)

Figure.1. 7 Les problèmes liés à l'extraction des pseudo-mots ; (a) un mot arabe correctement écrit ; (b) exemples de chevauchement entre les pseudo-mots ; (c) exemple de discontinuités.

Figure.1. 8 Exemple d'écriture rectifiée.

3.3.Différentes approches et systèmes existants

Nous aborderons la question des prétraitements, de la segmentation et des systèmes de reconnaissance.

3.3.1 Prétraitement

Les techniques conventionnelles de prétraitements développées pour l'écriture latine et chinoise ne prouvent pas toute l'efficacité pour le manuscrit arabe. Citons l'exemple des techniques de l'estimation de la ligne de base, qui contrairement à l'usage dans l'écriture latine, peuvent confronter au problème des descendants étendus horizontalement sous la bande de base ; et au problème de la distribution irrégulière des pseudo-mots d'un même mot qui peut créer différents angles d'inclinaison au sein de ce mot. Citons également l'exemple des étapes de suppression du bruit qui risquent d'altérer la forme des points diacritiques.

Dans cette section, nous présentons les techniques de prétraitement développées spécialement pour l'écriture arabe.

3.3.1.1 Squelettisation

La squelettisation est une étape importante pour plusieurs systèmes de reconnaissance d'écriture arabe. Le squelette permet d'extraire des caractéristiques nécessaires pour l'estimation pour la normalisation, la segmentation et la reconnaissance.

8

3.3.1.2 Estimation de la ligne de base

La détection de la ligne de base est une étape largement utilisée dans les systèmes de reconnaissance de l'écriture arabe. La ligne de base contient des informations importantes sur l'orientation du texte et la localisation des points de connexion entre les lettres. Par conséquent, sa détection est employée avec profit pour la normalisation (de la taille de l'inclinaison de l'écriture)[Pechwitz 03], la segmentation des mots en caractères/graphèmes [Kammoun 04].Dans [Pechwitz 06], les auteurs montrent l'influence de la qualité de la ligne de base sur les performances de leurs systèmes.

3.3.2 Segmentation

La segmentation est une opération très importante pour le problème de reconnaissance des caractères, des pseudo-mots et des mots. La séparation des mots en des pseudo-mots, des caractères constituent des opérations délicates et couteuses due à la cursivité de l'écriture arabe.

3.3.2.1 Segmentation en caractère

Comme l'indiquent A.Belid et Ch.Choisy dans [Belaid 06], il est admis depuis longtemps dans la communauté de la reconnaissance automatique de l'écriture manuscrite latine qu'une segmentation idéale en lettre d'un texte cursif est un problème insoluble. Pour le manuscrit arabe le problème est plus complexe à cause de la diversité des formes de caractères, de la variabilité des liaisons entre caractère et de la présence des ligatures verticales. Dans la littérature, la majorité des travaux traitent le problème de la segmentation en caractères sur des mots imprimés [Syiam 06]. Généralement, ces techniques sont inadéquates aux mots manuscrits. Sur texte arabe imprimé de différentes fontes et tailles, une autre méthode de segmentation en caractères est introduite par Zheng et al [Zheng 04]. Les auteurs développent un certain nombre de règles basées sur des primitives simples extraites à partir des pseudo-mots qui sont segmentés en caractère par l'utilisation de l'histogramme de projection verticale et un ensemble de règles heuristiques.

3.3.2.2 Segmentation en graphèmes

Dans [Kammoun 04], W.Kammoun et A.Ennaji proposent un algorithme de segmentation en graphèmes. En effet, les auteurs appliquent une segmentation verticale en graphèmes et une élimination de la ligne de base, une segmentation horizontale est également appliquée en cas de présence de descendants, cette segmentation est faite en dessous de la ligne de base. La méthode de segmentation, ainsi définie génère un ensemble de 17 graphèmes. Dans [Olivier 96], C.olivier et al proposent un algorithme pour segmenter les mots manuscrits en graphèmes. La méthode proposée est basée sur l'analyse des minimums locaux des contours supérieurs des mots pour la détermination des zones d'intérêt de segmentation. Les points

9

candidats de segmentation sont cherchés dans ces zones en fonction des trois règles suivantes :

- Les points candidats situés d'une boucle sont éliminés.
- L'épaisseur du tracé à l'endroit du point candidat doit être inférieure à un seuil.
- Si plusieurs points candidats d'une même zone sont voisins, le point choisi est le plus proche de la ligne de base.

3.3.2.3 Segmentation en bandes verticales

Dans [Menasri 08], l'auteur indique que les systèmes de reconnaissance qui ont les meilleurs taux de reconnaissance sur le manuscrit arabe sont basés sur la technique de fenêtre glissante. Citons les travaux de El-Hajj [El-Hajj 05a] et [El-Hajj 05b] qui utilisent une fenêtre glissante pour diviser l'image en bandes verticales (Frame)(Figure.1.10).

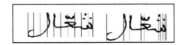

Figure.1. 9Segmentation en bandes verticales uniformes et non-uniformes [Benoureth 06a]

3.4.Les systèmes de reconnaissance

La reconnaissance est une étape importante. On distingue l'approche stochastique et l'approche structurelle. Une différence essentielle réside dans la représentation de la forme : vecteur de caractéristiques dans l'approche statistique, agencement de primitives pour l'approche structurelle.

3.4.1 Approche structurelle

Les méthodes structurelles se basent sur la structure physique des caractères. Elles cherchent à décomposer le caractère en primitives et à décrire leurs relations. Les primitives sont de type topologique comme un arc, boucle, etc., et une relation peut être la position relative d'une primitive par rapport à une autre. Généralement le nombre de primitives est assez limité et leur enchainement peut se décrire par un ensemble de règles d'assemblages.

3.4.2 Classifier Bayésien

Nous proposons que le problème de représentation des caractères admet un modèle probabiliste. Le classifier bayésien est une méthode qui définit l'appartenance d'un caractère à une classe avec un minimum d'erreur et évalue le risque de la décision à apprendre pour un caractère donné. Nous cherchons donc la classe qui maximise la probabilité d'appartenance parmi l'ensemble des classes. L'intérêt de cette approche est qu'elle repose sur des bases mathématiques très bien définies.

3.4.3 Méthodes Connexionnistes

L'objectif est d'améliorer les capacités de la classification en utilisant des modèles aux composants fortement connectés. Un modèle connexionniste est un réseau dont les nœuds sont interconnectés par des liens pondérés. Ainsi, dans un réseau connexionniste, l'information est traitée par un grand nombre de processus élémentaires, chacun étant relié à un nombre important d'autres processeurs.

3.4.4   Méthodes Stochastiques

Les méthodes stochastiques permettent de concevoir des systèmes adaptés ou spécifiés de l'image, facilement évolutifs, et robustes aux erreurs de transcription. Basées sur le choix d'un modèle stochastique, adaptées à la tache visée, et l'apprentissage automatique de ses paramètres, ces méthodes réduisent les besoins en expertise humaine lors du développement d'applications tout en obtenant des résultats au moins comparables à ceux des méthodes à base de règles. Ces méthodes sont robustes et faibles du fait de l'existence de bons algorithmes d'apprentissage.

3.4.4.1 Modèles de Markov cachés

Une chaine de Markov cachés (MMC) est une chaine stationnaire dans laquelle l'observation est une fonction probabiliste de l'état. Le modèle résultant est un processus doublement stochastique où la composante relative à la suite d'états est cachée. On désignera par $O = o_1, o_2, ..., o_T$ la suite d'observation et par $Q = q_1, q_2, ..., q_T$ la suite (inconnue) des états.

Un MMC discret du premier ordre est défini par :

✓ $S = \{s_1 s_2 s_3 .... s_T\}$, l'ensemble des N états du modèle. On désigne un état au temps t par $q_t \in S$.

✓ $V = \{v_1 v_2 v_3 .... v_M\}$, l'ensemble discret des M symboles. On désigne un symbole au temps t par $o_t \in V$.

✓ $A = \{a_{ij}\}_{1 < i, j < N}$ où $a_{ij} = p(q_{t+1} = s_j \mid q_t = s_i)$, pour le modèle d'ordre 1, A est la matrice des probabilités de transitions entre états.

✓ $B = \{b_j(k)\} 1 \le j \le N$ où $b_j(k) = p(o_t = v_k \mid q_t = s_j)$, B est la matrice d'observation dans les états.

✓ $\prod = \{\pi_i\}_{1 \le i \le N}$ où $\pi_i = p(q_1 = s_i)$, $\prod$ est le vecteur des probabilités initiales des états.

Pour simplification, on désignera un MMC par le triplet $\lambda = (A, B, \prod)$. Dans un MMC les contraintes suivantes doivent être respectées :

$$\sum_{i=1}^{N} \pi_i = 1, \quad \sum_{j=1}^{N} a_{ij} = 1, \quad \sum_{k=1}^{M} b_j(k) = 1.$$

11

Les MMCs sont basées sur des contraintes imposées sur les transitions entre états (transitions nulles) et sur les probabilités initiales.

3.4.4.2 Réseau Bayésien Dynamique

Récemment les réseaux bayésien sont appliqués dans le domaine de l'écrit. Nous pouvons citer les travaux de Cho [Cho 03] dans lesquels il modélise les caractères on line par des réseaux bayésien : les variables qui représentent les positions des points caractéristiques, sont toutes observées. Souafi dans sa thèse [Souafi 02] utilise un réseau des structures de BNs pour la classification automatique de documents. Les réseaux bayésiens dynamiques (DBN) sont une extension des réseaux bayésien statistiques et sont également appliqués à la reconnaissance de la parole [Zweig 98] et [Daoudi 00], reconnaissance des actions et interactions humain [Sangho 04]. Halouli et al [Halouli 04], il a proposé un modèle de reconnaissance de caractères manuscrite par l'utilisation d'un réseau bayésien dynamique qui 'est un modèle de couplage de deux MMC.

3.5. Les différentes bases existantes

La disponibilité d'une base de données est un besoin crucial pour une évaluation objective des performances des différents systèmes de reconnaissance de l'écriture. Nous pouvons distinguer quelques bases de données de manuscrit arabe.

➢ En 1999, N.Kharma et al [Kharma 99] introduisent une base de données collectée à l'aide de 500 étudiants de l'univeristéde Al-isra à Amman. Il s'git d'une base d'images en format bitmap qui contient 37000 mots arabes, 10000 chiffres arabes et indiens, 2500 signatures en arabe.

➢ IFN/ENIT database, M.Pechwitz et al : En 2002, L'IFN (Institute of Communication Technology) de l'université de Braunschweig en Allemagne et L'ENIT (Ecole nationale d'ingénieur de Tunis) ont achevé la réalisation de la base IFN/ENIT [Pechwitz 02a]. Il s'agit d'une base d'images de noms de villes tunisiennes collectée à l'aide d'une contribution de 411 scripteurs. Chacun d'entre eux à écrire 60 noms de villes avec leurs codes postaux correspondants. La base contient en totale 26459 noms de villes dans un lexique de 946 villes, 115585 pseudo-mots, et 212211 caractères. Plus de 82 groupes de recherches dans environ 31 pays travaillent actuellement sur cette base [Märgner 09]. L'IFN/ENIT est gratuite pour la recherche académique, qui s'est imposée comme la base de données de référence pour la reconnaissance de l'écriture arabe manuscrite.

➢ IFN/Farsi database : Cette base de données est publiée par Mozarffari et al en 2008[Mozaffari 08]. Elle représente des images de 1080 différents noms de villes de provinces iraniennes, elle est obtenue à partir des contributions d'environ 600 scripteurs, chacun d'entre eux a été invité à remplir deux formulaires comportant 24 noms présélectionnées de villes et les codes postaux correspondant. Cette annotation se différe par rapport à celle de la base IFN/ENIT par l'absence de la position de la ligne de base.

3.6. Les principaux travaux de reconnaissance de l'écriture arabe manuscrite sur la base IFN/ENIT

3.6.1 Les Travaux

Dans [Touj 02b], Touj et al propose une méthode de reconnaissance d'écriture arabes manuscrits dans leurs formes isolées et propres. Le système comprend une étape de prétraitement des lettres isolées à fin d'obtenir des images brutes et centrées de différents caractères. Ces images sont ensuite utilisées pour extraire et calculer les primitives. L'information obtenue pour chaque image de caractère est utilisée pour traiter la séquence d'observation qui doit entrainer des modèles de Markov Cachés (MMCs). Les images binaires considérées représentent un ensemble de lettres arabes manuscrites découpées manuellement à partir des noms de villes tunisiennes extraites de la base de données IFN/ENIT Database. Les tests sont réalisés sur les 1671 images de lettres arabes isolées manuscrits, 80% des lettres ont servi pour la base d'apprentissage, le reste a été utilisée pour le test. Le taux de reconnaissance globale obtenue est de 54% en premiére proposition, il atteint 76.3% en troisième proposition.

Dans [Pechwitz 03], Pechwitz et al proposent une approche de reconnaissance hors ligne d'écriture arabe manuscrite, le système est basé sur un MMC unidimensionnel semi continu. La méthode adaptée comprend les étapes suivantes : prétraitement, normalisation et estimation de paramètres, extraction de primitives et enfin classification. En phase de prétraitement, le squelette de l'image du mot est extrait. La phase de normalisation comprend une étape de correction de l'inclinaison qui dépend de l'estimation de la ligne de base et une étape de normalisation verticale et horizontale. La phase d'extraction des primitives est effectuée en utilisant une fenêtre rectangulaire glissante formée de trois colonnes. La modélisation des caractères repose sur le MMCs semi continus utilisant 7 états par caractères et 3 transitions possibles uniquement à partir de chaque état. Le taux de reconnaissance approche de 84%.

Dans [El-Hajj 05a], les auteurs décrivent un système de reconnaissance de l'écriture manuscrite arabe en utilisant des MMCs à une dimension. Le système est basé sur des primitives robustes qui sont extraites à partir des dépendances avec les paramètres associée à la ligne de base supérieure et inférieure. Le système proposé permet aussi l'apprentissage des modèles de caractères sans une étape de pré-segmentation. L'architecture générale de système comprend une première étape d'estimation de la ligne de base, une deuxième étape d'extraction de primitives avant de passer enfin à la reconnaissance par MMCs. Durant l'étape d'extraction de primitives, l'image est subdivisée en un ensemble de bandes verticales de largeur fixe. Chaque bande par suite est subdivisée en un ensemble de cellules de hauteur fixes. Un vecteur de 24 primitives est calculé pour chaque bande. Ils utilisent la modélisation MMCs pour assurer un apprentissage automatique de mots non segmentés et une reconnaissance combinée à une segmentation, donc il est possible de concaténer des modèles de caractères sans passer par la phase de pré-segmentation. Donc l'apprentissage n'a pas été réalisé sur une base de caractères mais plutôt à partir de la base de mots. Le taux de

13

reconnaissance moyen obtenu est de 74.9% en utilisant uniquement les primitives indépendantes de la ligne de base et 85.51% avec l'utilisation de ce dernier.

Dans [Benoureth 06], Benourath et al réalise un système de reconnaissance de l'écriture arabe manuscrite basé sur une étape de segmentation dans lequel ils segmentent l'image d'un mot en des bandes verticales uniformes, puis extraient un vecteur de 33 primitives pour chaque bandes. Chaque bande est divisée en cellules de 4 pixels de hauteur. Ils trouvent que les résultats en utilisant une segmentation non-uniforme donne de meilleurs résultats que la segmentation en bandes uniformes, aussi ils montrent également que l'utilisation de DHMM se révèle plus performante que l'utilisation de HMM semi-continu. Ils réalisent leurs expériences sur la base IFN/ENIT, et obtiennent un taux de reconnaissance de 89.79% pour le meilleur système.

Dans [Masmoudi 06], S.Masmoudi dans sa thèse propose un système de reconnaissance d'écriture arabe manuscrite en utilisant HMM Planaire pour cela , ils découpent l'image du mots de haut en bas en bandes qui sont les diacritiques supérieurs, ascendants , zone médiane qui est par la suite subdivisée en des graphèmes, zone descendant, diacritiques inférieurs. Pour chaque zone horizontal, on associe un super état du modèle MMCP et chaque super état a été modélisé par un MMC qui s'adapte bien à la nature semi cursive de l'écriture arabe. La corrélation entre les différentes zones horizontale est assurée par le modèle verticale du MMCP.

Dans [Menasri 08], F.Manasri propose un système de reconnaissance d'écriture arabe basée sur un système hybride à base de Modèle de Markov Cachés et de Réseau de Neurones, une approche par fenêtres glissantes, qui intègrent les signes diacritiques de façon implicite, il propose un alphabet de corps de lettres qui permet de prendre en compte la redondance des formes des lettres de l'alphabet arabe, pour cela il propose un mécanisme pour traiter les signes diacritiques. Le taux de reconnaissance de ce système évalué sur l'ensemble de la base IFN/ENIT est de 89.98%. Il a ensuite proposé un mécanisme pour traiter des signes diacritiques, et une stratégie pour combiner cette information avec le résultat de la reconnaissance sans diacritique, Cette stratégie a permis d'augmenter le taux de reconnaissance à environ 92%.

Dans [El Abed 07], H. El Abed et al a proposé une nouvelle méthode de reconnaissance d'écriture arabe basée sur l'approche semi continue de MMC (SC_MMC) dans laquelle il a utilisé 7états pour un caractère, chaque état possède 3 transitions. Il a développé une nouvelle méthode de prétraitement et d'extraction de primitives basées sur la qualité de ligne de base, pour cela il a commencée par l'extraction de ligne de base. Ainsi, l'extraction des primitives est basée sur une fenêtre glissante avec 3 colonnes, pour chaque pixel de ce colonne, il a spécifié un ensemble de 24 primitives parmi lesquelles 15 dépendent de la ligne de base et le 9 autres sont calculé avec le respect de la ligne de base. Le taux de reconnaissance évalué sur la base IFN/ENIT est de l'ordre de 89%.

Dans [Kessentini 10], Y.Kessentini et al a proposé une approche de reconnaissance de l'écriture manuscrite multi script avec HMM multi-scripts. Cette approche multi-flux est une méthode adaptative permettant de combiner différentes sources d'information en utilisant des modèles de Markov cachés coopératifs, ainsi les modèles de différentes sources sont traités indépendamment jusqu'à certains points d'ancrage où ils sont contraints à se resynchroniser et à combiner leurs contributions partielles. Avant l'étape de reconnaissance du mot, Y.Kessentin a proposé une étape de prétraitement à fin de simplifier la procédure d'extraction de caractéristiques. Il a utilisé deux types de caractéristiques, un premier ensemble basé sur le contour supérieur de l'image et un deuxième basé sur les densités qui sont extraites en divisant la fenêtre verticalement en 4 cellules. A partir de ces deux ensembles de caractéristiques, ils ont permis d'extraire 4 flux de données. Puis, il a réalisé l'apprentissage de modèle indépendant des autres modèles et ensuite les différents flux. Une fois appris, le décodage simultané des différents modèles est réalisé en s'accordant au formalisme multi-flux. Des résultats significatifs sont obtenus sur la base de mots IFN/ENIT puisque il a obtenu un taux de reconnaissance de l'ordre de 86.2 %.

3.6.2 Etude Comparatif

En s'appuyant sur l'état de l'art établi précédemment, nous pouvons faire une étude comparative qui récapitule les comparaisons entre les différents travaux réalisés sur la base IFN/ENIT représentée dans le tableau comparatif suivant (Tableau.1.1).

Tableau.1. 1 Comparaison des différents travaux sur la base IFN/ENIT

Réf.	Primitives	Segmentation	Approche		Technique(s)	Taux
			Globale	**Analytique**		
[El Abed 07]	Primitive liée à la ligne de base / Primitive liée à l'image et leur histogramme vertical et horizontale	Fenêtre glissante	*		SC_HMM	89%
[Masmoudi 06]	Combinaison d'informations pour la zone médiane.	Segmentation uniforme.		*	HMMsplanaire	88.7%
[El-Hajj 05a]	Distribution de densité de pixel / Primitives de concavité	Fenêtre glissante		*	1D HMM	85,45%-87,20%
[Pechwitz 03]	Pixel Values	Fenêtre glissante		*	SCHMM (Semi ContinuousH MMs)	89%
[Benoureth06]	Angle local / Présence de boucle / Super-segment		*		HMMs	89.75%
[Hamdani 09]	Combinaison des 3 primitives hors ligne et 1 primitive en ligne / Densité des pixels noirs et les moments invariants (Hu) / Distribution des pixels et concavités / Pixel Values / Primitive en ligne (information spatiotemporelle: transformer l'image en une séquence des cordonnées.	Fenêtre glissante		*	Combinaison de multiples HMMs	81.93%

4. Conclusion

Nous avons présenté dans ce chapitre le domaine de la reconnaissance automatique de l'écriture, les différentes distinctions faites entre les systèmes en ligne et les systèmes hors lignes, et la notion OCR. En effet, nous avons représenté les différentes approches de la reconnaissance. Ensuite, nous avons introduit les différentes caractéristiques de l'écriture arabe manuscrite et les problèmes liés à l'écriture lors de la reconnaissance. Ainsi, nous avons

16

cités les différentes approches de prétraitements et de segmentation pour un mot arabe manuscrit. Enfin, nous avons exposé les travaux les plus récents qu'ont été consacrés à la reconnaissance hors ligne de l'écriture arabe manuscrite sur la base IFN/ENIT. Les travaux présentés se sont basés par ailleurs sur l'utilisation de Modèles de Markov cachés (MMCs) dont la nature stochastique. La reconnaissance hors ligne de l'écriture arabe manuscrite constitue encore au défi important. Les systèmes réalisés présentent encore beaucoup de contraints surtout au niveau de la taille lexique. Cependant, nous pensons qu'à l'état actuel des recherches, il est toujours question de multiplier les efforts pour optimiser les architectures de modélisations et les techniques de prétraitements et de segmentation.

Dans ce sens, l'objectif de ce travail est d'explorer une nouvelle technique pour la reconnaissance qui est basée sur un mariage entre le HMM et le réseau bayésien à fin de construire un modèle de réseau bayésien dynamiques avec une faible complexité.

Pour cela, dans les chapitres suivants, nous rappelons la définition et le principe des réseaux bayésiens dynamiques ainsi que les algorithmes qui leur sont associés.

17

Chapitre 2 : Présentation des réseaux bayésiens dynamiques

1. Introduction

Ces dernières années, dans plusieurs domaines, l'observation d'un environnement se fait à travers un flux d'information appelé les données séquentielles. Ces données peuvent être des séries chronologiques représentées par un système dynamique, ou une séquence générée par un processus spatial à une dimension.

Ce chapitre est consacré à la description du réseau bayésien en spécifiant le réseau bayésien hiérarchique. Ensuite nous représentons les différents réseaux bayésien dynamiques avec leurs algorithmes d'apprentissage et l'inférence. Enfin, nous décrivons le HMM comme une RBD en illustrant quelques modèles et les inconvénients majeurs de HMM.

2. Réseau Bayésien

L'un des enjeux principaux dans le domaine de la recherche en Intelligence Artificielle est d'être capable de développer des systèmes dynamiques et évolutifs. Mais dans la plupart des cas, la connaissance acquise n'est pas toujours suffisante pour permettre au système de prendre la décision la plus appropriée. Pour répondre à ce genre de questions, plusieurs méthodologies ont été proposées, mais seules les approches probabilistes s'adaptent mieux pour la représentation de la connaissance. Ces approches probabilistes sont appelées « réseaux bayésien ».

2.1 Théorème de bayes

Les réseaux bayésien sont initialement connus comme « réseaux de relations », mais sont nommés « Bayes » après la mort de Révérend Thomas Bayes, 1702-1761, mathématicien britannique qui a développé une loi de base de probabilités, maintenant appelée le théorème de Bayes. Etant donné deux événements A et B qui sont conditionnellement dépendants, le théorème de Bayes peut s'énoncer comme ci-dessous :

$$P(B \mid A) = \frac{P(B)P(A \mid B)}{P(A)} \tag{2.1}$$

$P(B \mid A)$ est la probabilité a posteriori ou la probabilité de B après avoir pris en compte l'effet de A. $P(B)$ est la probabilité a priori de l'événement B. $P(A \mid B)$ est la probabilité de A si l'on suppose que B est vrai. Elle appelée aussi la vraisemblance. $P(A)$ est la normalisation, c'est la probabilité de l'événement A.

18

2.2 Définition de réseau bayésien

Un réseau bayésien est un modèle probabiliste utilisé pour décrire la probabilité conjointe de plusieurs variables reliées les unes aux autres. Il consiste en un graphe acyclique orienté (DAG) et un ensemble de lois de probabilités : chaque nœud de graphe représente un variable aléatoire, chaque arc du graphe représente la dépendance entre le deux variables aléatoires qu'il relie. Ainsi, le graphe affiche les liens de dépendance qualitative directe, laissant le soin aux lois de probabilités de présenter les informations qui sont représentés par le principe suivant : réseau bayésien est défini par la paire $B = <G, \theta>$ avec :

- $G = <V, E>$ est un graphe acyclique orienté, où V est l'ensemble de nœuds de G, E est l'ensemble des arcs de G. Chaque nœud de V correspond à une des variables aléatoires $X^1 X^2 .... X^N$ avec X est définie sur l'espace probabilisé fini (Ω, Z, p).

- $\theta = \{\theta_{X^1}, \theta_{X^2}, \theta_{X^3}, ..., \theta_{X^N}\}$ désigne l'ensemble de paramètres du modèle qui est un ensemble de distribution locale de probabilités conditionnelles (CPD). Pour chaque nœud on dispose d'une table de probabilités conditionnelles P(variables| parent(variable) qui représente la distribution locale de probabilité. θ définie comme suit :

$$\theta: \to V[0,1], X^n \to \theta, \theta(X^n) = \theta_x^n = P(X^n \mid pa(X^n)) \qquad (2.2)$$

Avec $pa(X^n) = \{X_i : (X_i, X_n)\}$ est l'ensemble des causes (parents) de X^n. Donc la probabilité conjointe que B définit sur X est définie comme suit :

$$P(X^1, X^2, ..., X^N) = \prod_{n=1}^{N} P(X^n \mid Pa(X^n)) \qquad (2.3)$$

Avec $Pa(X^n)$ est le parent de nœud X^n. Ils sont donc une combinaison entre la théorie des graphes et la théorie des probabilités afin de fournir des outils efficaces pour les calculs de la distribution de probabilités de l'ensemble des variables aléatoires définissant le domaine d'étude .

2.3 Réseau bayésien hiérarchique

Le traitement de dispositifs de grandes tailles ou complexes pose des problèmes. Cette complexité est généralement exponentielle par rapport au nombre de nœuds du réseau. Pour remédier à ce problème, on peut construire un réseau hiérarchique.

Les modèles latents hiérarchique proposés par [Bishop 98] forment une classe particulière de réseau bayésien avec toute les variables observées qui sont dépendantes d'une unique variable latente (jamais mesurée) comme il est montré dans la Figure.2.1.Les modèles latents sont généralement utilisés pour la classification non supervisée. Leur structure est celle d'un arbre dont les feuilles sont des variables d'observations et les nœuds sont des variables latents. Aussi, il possède plusieurs niveaux qui sont constitués de réseaux bayésien élémentaires des composants de base. Fondamentalement, les variables latentes peuvent former des clusters de

19

variables dépendantes. Si ces clusters sont appropriés alors les variables latentes pourront être résumées à leur tour par de nouvelles variables latentes, plus générales. La répétition de ce processus engendre la formation d'une hiérarchique du modèle de réseau bayésien. En effet, grâce à la structure hiérarchique du modèle, l'utilisateur peut commencer par les niveaux les plus élevés du modèle, puis en descendant de niveau. Les modèles hiérarchiques latents sont prometteurs grâce à leur capacité intrinsèque à réduire la dimension des données de façon graduelle

Le réseau bayésien hiérarchique est utilisé dans plusieurs domaines, tels que la découverte de stratégie d'écriture manuscrite chez l'enfant en école primaire [Leray 04], la détection de l'interaction entre les hommes [Sangho 04] et pour les études d'association génétique du génome humain [Mourad 10].

Une fois la structure et la taille des variables latentes sont fixées, l'apprentissage des paramètres du réseau s'adapte naturellement aux réseaux bayésiens et autres modèles graphiques.

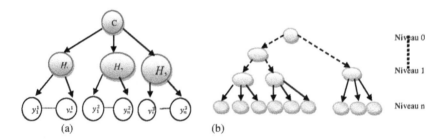

Figure.2. 1(a)Modèle de réseau bayésien hiérarchique, (b) Exemple de modèle hiérarchique latent à plusieurs niveaux.

2.4 Apprentissage de réseau bayésien

L'apprentissage d'un réseau bayésien à partir de données permet de trouver la structure correspondante du graphe (apprentissage de structure) et d'estimer les distributions des probabilités conditionnelles (apprentissage de paramètres).

2.4.1 L'apprentissage de structure

L'apprentissage est l'étape de construire un graphe à partir des données (les probabilités conditionnels. Une première approche consiste à rechercher les différentes relations causales qui existent entre les variables. Les autres approches essaient de quantifier l'adéquation d'un réseau bayésien au problème à résoudre, c'est-à-dire d'associer un score à chaque réseau bayésien. Puis elles recherchent la structure qui donnera le meilleur score dans l'espace des graphes acycliques dirigés. Une approche exhaustive est impossible en pratique en raison de la taille de l'espace de recherche.

2.4.2 L'apprentissage de paramètre

Le graphe causal est déjà fixé, donc il faut estimer les probabilités conditionnelles.

2.4.2.1 A partir des données complètes

Nous cherchons ici à estimer les distributions de probabilités (ou les paramètres des lois correspondantes) à partir de données disponibles! L'estimation de distributions de probabilités, paramétriques ou non, est un sujet très vaste et complexe. Dans le cas où toutes les variables sont observées, la méthode la plus simple et la plus utilisée est l'estimation statistique qui consiste à estimer la probabilité d'un événement par la fréquence d'apparition de l'événement dans la base de données. Cette approche, appelée maximum de vraisemblance (MV), nous donne alors :

$$P(X_i = x_k | parent(X_i) = c_j) = \frac{\theta_{i,j,k}}{\sum_k N_{i,j,k}} \qquad (2.4)$$

Dans la formule précédente $N_{i,j,k}$ est le nombre d'événements dans la base de données pour lesquels la variable X_i est dans l'état x_k et ses parents sont dans la configuration c_j.

2.4.2.2 A partir des données incomplètes

La méthode d'estimation des paramètres avec les données incomplètes la plus utilisée est l'algorithme de vraisemblance EM. Cet algorithme permet de traiter des bases d'exemples incomplets sans avoir à ajouter une nouvelle modalité (variable non mesurée) à chaque nœud. Cette méthode itérative, dont la convergence à été prouvée par [Friedman 98], part d'une structure initiale pour estimer la distribution de probabilité des variables cachées ou manquante grâce à l'algorithme EM classique. L'espérance du score par rapport à ces variables cachées est ensuite calculée pour tous les réseaux bayésien du voisinage afin de choisir la structure suivante.

2.5 L'inférence dans le réseau bayésien

L'utilisation essentielle des réseaux bayésien est donc de calculer des probabilités conditionnelles d'événements reliés les uns aux autres par des relations de cause à effet. Cette utilisation s'appelle inférence. Deux classes principales de méthodes exactes sont utilisées pour l'effectuer : les méthodes dites de propagation de messages et les méthodes qui utilisent des regroupements de nœuds. Les premières proposent un mécanisme de calcul utilisant la propagation des messages au long des arcs d'un graphe sans cycle, les secondes opèrent d'abord des modifications importantes du graphe (appelées moralisation et triangulation) pour obtenir une structure secondaire d'arbre de jonction dans laquelle chaque nœud représente une clique du réseau bayésien et qui permet d'appliquer un algorithme simplifié de propagation de messages. Enfin, il faut noter aussi qu'il existe un certain nombre de méthodes approchées à base de méthodes stochastiques. Les réseaux bayésien sont des modèles graphiques probabilistes permettant de représenter les influences entre des événements. Un réseau bayésien est défini par un graphe acyclique orienté G=(X,A) où chaque nœud Xi représente une variable aléatoire associée à une distribution de probabilité, et chaque arc définit une influence du nœud de départ sur le nœud d'arrivé. La distribution de probabilité associée à une variable spécifique les probabilités de ses états conditionnellement aux états des variables qui l'influencent.

Il existe plusieurs algorithmes d'inférences qui sont : L'algorithme Clustering effectue l'inférence en transformant le réseau en un arbre pour lequel chaque nœud regroupe plusieurs nœuds du réseau initial à fin d'exploiter les indépendances conditionnelles contenues dans les réseaux et donnent à chaque inférence les probabilités a posteriori exactes. Etude de performance des algorithmes d'inférences : L'efficacité de l'inférence dans les réseaux bayésien dépend de plusieurs données : l'algorithme choisi et ses paramètres (en particulier le nombre d'échantillons), le réseau bayésien et ses caractéristiques (taille du réseau, «densité» du réseau, taille des domaines de définition des variables, etc.), et le calcul d'inférence à exécuter et ses caractéristiques (particulier le nombre et la position des variables observation et cibles).

3. Réseau Bayésien Dynamique

Les réseaux bayésiens dynamiques(DBN) [Murphy 02] sont une extension des réseaux bayésiens qui représente l'évolution temporelle de variables aléatoires. En effet, un réseau bayésien dynamique est une chaine d'un même réseau bayésien (sous-réseau) répété autant de fois que nécessaire. On note que le terme dynamique signifie qu'on modélise un système dynamique sans changement du réseau de la fonction du temps t.

3.1 Définition

On considère un ensemble $X_t = (X_t^1, \ldots, X_t^N)$ de variables évoluant dans le temps $[1, T]$. Un DBN est défini par le couple (B_1, B_2), avec B_1 est un réseau bayésien qui définit la probabilité a priori $P(X_1)$. B_2 est le réseau temporel à deux pas de temps [2 TBN : two-slice temporal Bayesnet, qui définit $P(X_t \mid X_{t-1})$ à l'aide d'un graphe acyclique orienté (DAG) de la façon suivante :

$$P(X_t \mid X_{t-1}) = \prod_{i=1}^{N} P(X_t^i \mid C(X_t^i)) \qquad (2.5)$$

où X_t^i est le i ème nœud au temps t, et $C(X_t^i)$ est le parent de X_t^i dans le graphe. Il est important de remarquer que les parents d'un nœud X_t^i peuvent être soit dans le même pas de temps soit dans le pas de temps précédent. Chaque nœud du deuxième pas de temps 2TBN a une distribution de probabilité conditionnelle associée (CPD) qui définit $P(X_t^i \mid C(X_t^i))$ pour t>1. Ces distributions de probabilité ont des formes différentes (table, mélange de gaussiennes, etc...). Les arcs reliant les nœuds entre les différents pas de temps (de gauche vers la droite) représentent le déroulement continu du temps. S'il existe un tel arc d'un nœud X_{t-1}^i à un autre X_t^i, on dit alors que ce nœud est persistant. Ainsi les arcs entre deux pas de temps sont considérés comme la persistance d'un phénomène au cours du temps et les arcs au sein d'un même pas de temps sont considérés comme un effet causal imméidat. LA sémantique du DBN peut être définie par le déroulement du 2TBN jusqu'à la longueur T. La distribution jointe résultante est donnée par

$$P(X_{1:T}) = \prod_{t=1}^{T}\prod_{i=1}^{N} P(X_t^i \mid C(X_t^i)) \tag{2.6}$$

Ceci revient à représenter un réseau bayésien dynamique déroulé comme un réseau bayésien sous forme de chaine dans laquelle les variables sont aussi des réseaux bayésiens statiques.

3.2 Inférence

Le but d'inférence est de calculer $P(X_t^i \mid Y_{1:T})$ où T est la longueur de la séquence d'observation. Pour cela il faut estimer les états cachés en utilisant uniquement les observations. Il existe plusieurs sortes d'inférences possibles. On suppose que la flèche indique t_0 : c'est X_t que nous tentons d'estimer. Les régions ombrées correspondent aux observations entre deux instants t1 et t2.

Filtrage : Il s'agit d'estimer l'état de croyance à l'instant t_0 sachant toutes les observations jusqu'à cet instant.

$$P(X_{t0} \mid Y_{1:t0})$$

Décodage(Viterbi) : Le nombre de décodage consiste à déterminer la séquence la plus probable d'état cachés sachant les observations jusqu'à l'instant t0

$$\arg\max P(X_{1:t0} \mid Y_{1:t0})$$

Lissage (offline) : Il consiste à obtenir la meilleure estimation d'un état passé sachant les observations jusqu'à l'instant courant T.

$$P(X_{t0} \mid Y_{1:T})$$

Une approche directe du problème que pose l'inférence sur le RBD serait de considérer que le problème est déjà résolu ; si on déroule le RBD pour un nombre fixé de tranches, on peut percevoir le graphe obtenue comme RB statique. Cependant, ceci nécessite de connaitre à priori la fin de la séquence temporelle. Il existe plusieurs algorithmes dans le RBD, on peut

23

classer les algorithmes selon leur prédiction en deux catégories : inférence exacte et inférence approchée.

3.2.1 Les algorithmes d'inférence

Nous avons deux types d'inférences qui sont l'inférence exacte et l'inférence approchée.

3.2.1.1 L'inférence exacte

On peut citer deux algorithmes les plus utilisés pour une inférence exacte :
➢ **L'algorithme de Forward-Backword**
L'algorithme se déroule en deux étapes :

- Algorithme Forward : propagation des probabilités vers l'avant
- Algorithme Backward : propagation des probabilités en arriéré.

En prenant les notations usuelles : soient :

- $\alpha_t(x_t) = P(Y_{1t}, x_t)$ la probabilité d'observer la séquence $Y_{1:T}$ tout en se trouvant dans l'état x_t.
- $\beta_t(x_t) = P(Y_{t+1t} \mid x_t)$ la probabilité conditionnelle des observations à partir du temps t+1 jusqu'à la dernier observation au temps T, sachant les valeurs des états cachés au temps t.

✓ *Algorithme de Forward :*

Soit un réseau bayésien dynamique B. On calcule la probabilité $P(Y_{1:T})$ d'occurrence de la séquence $Y_{1:T}$:

$$P(Y_{1:T}) = \sum_{chemins\,possibles} (\prod_{t=1}^{T-1} P(x_{t+1} \mid x_t)P(y_{t+1} \mid x_t)P(x_{T+1} \mid x_T)) \tag{2.7}$$

Cet algorithme est de complexité $O(TN^T)$. La variable Forward définie par $\alpha_t(x_t)$ qui peut être calculée de manière inductive :

- Initialisation :

$$\alpha_1(x_1) = P(x_1) \tag{2.8}$$

- Induction :

$$\alpha_{t+1}(x_{t+1}) = P(y_{t+1} \mid x_{t+1})(\sum_{x_t} P(x_{t+1} \mid x_t)\alpha_t(x_t)) \tag{2.9}$$

On peut calculer $\alpha_T(x_T) = P(Y_{1:T}, x_T)$, ce qui nous amène naturellement à :

$$P(Y_{1:T}) = \frac{\alpha_T(x_T)}{\sum_{x_t} \alpha_t(x_t)} \tag{2.10}$$

✓ **Algorithme backward :**

La variable backward déjà définie $\beta_t(x_t)$.

- Initialisation :
$$\beta_t(x_t) = 1 \tag{2.11}$$

- Induction :
$$\beta_{t-1}(x_{t-1}) = \sum_{x_t} P(x_t \mid x_{t-1}) P(y_t \mid x_t) \beta_t(x_t) \tag{2.12}$$

Puis on calcule la probabilité attendue :

$$P(Y_{1:T}) = \sum_{x_1} \beta_1(x_1) P(y_1 \mid x_1) \tag{2.13}$$

La complexité de cet algorithme est de l'ordre de $O(TN^2)$. On peut à partir des facteurs de propagation de probabilités qui sont inspirées d'après la phase de Forward et de Backward, explorer des termes qui seront utiles pour l'inférence et l'apprentissage des réseaux bayésiens dynamiques. On peut citer les termes suivants :

- Lissage : il s'agit de calculer $P(x_t|Y_{1:T})$ où t<T.
$$\gamma_t = P(x_t|Y_{1:T}) = \frac{\alpha_t(x_t)\beta_t(x_t)}{\sum_{x_t} \alpha_t(x_t)\beta_t(x_t)} \tag{2.14}$$

γ_t est appelé opérateur de lissage. Voici un lissage de premier ordre

$$\boldsymbol{\varphi_{k,k-1}}(x_t, x_{t-1}) = P(x_t, x_{t-1}|Y_{1:T}) \tag{2.15}$$
$$= \frac{\alpha_{t-1}(x_{t-1})P(x_t, x_{t-1})P(y_t|x_t)\beta_t(x_t)}{\sum_{x_t} \alpha_t(x_t)\beta_t(x_t)}$$

Cela peut nous aider facilement à calculer les probabilités des états cachés à partir des nœuds voisins.

Dans la tache de prédiction, on revient à calculer $P(x_{t+1}|Y_{1:t})$ et $P(y_{t+1}|Y_{1:t})$:

$$P(x_{t+1}|Y_{1:t}) = \frac{\sum_{x_t} P(x_{t+1}|x_t) \alpha_t(x_t)}{\sum_{x_t} \alpha_t(x_t)} \tag{2.16}$$

Dans l'étape de décodage, il s'agit de déterminer la séquence d'états cachés $\hat{X}_{1:T}$ avec

$$\hat{X}_{1:T} = \arg\max P(X_{1:T}|Y_{1:T}) \tag{2.17}$$

Pour résoudre ce problème, on va utiliser l'algorithme viterbi qui définit l'équation :

$$\delta_{t+1}(x_{t+1}) = max_{X_{1:t}} P(X_{1:t+1}|Y_{1:t+1}) \tag{2.18}$$

Pour un RBD, on peut déduire :

$$\delta_{t+1}(x_{t+1}) \tag{2.19}$$
$$= P(y_{t+1}|x_{t+1}) \, max_{x_t}\big[P(x_{t+1}|x_t \,) \, max_{x_{1:t-1}}P(X_{1:t}|Y_{1:t})\big]$$

$$= P(y_{t+1}|x_{t+1}) \, max_{x_t}[P(x_{t+1}|x_t) \, \delta_t(x_t)]$$

On peut déduire :

$$max_{x_{1:T-1}}P(X_{1:T-1}|Y_{1:T-1}) = max_{x_{T-1}}\delta_{T-1}(x_{T-1}) \tag{2.20}$$

Pour déterminer$\hat{X}_{1:T}$, on doit introduire x_t l'argument qui maximise $\delta_{t+1}(x_{t+1})$ comme suit :

$$\omega_{t+1}(x_{t+1}) = \arg max_{x_t}[P(x_{t+1}|x_t) + \delta_t(x_t)] \tag{2.21}$$

On obtient alors :

$$\hat{x}_t = \omega_{t+1}(\hat{x}_{t+1}) \tag{2.22}$$

✓ *Algorithme d'Arbre de Junction*

Cet algorithme consiste à construire pour chaque tranche de temps un arbre de Junction correspondant, puis nous appliquons à chaque arbre un algorithme d'inférence utilisée pour un réseau bayésien statique. . On constitue un arbre de jonction avec les étapes suivantes :

- Moralisation : reliés les parents entre eux en éliminant les directions.
- Triangularisation : en ajoutant sélectivement des arcs au graphe moral.

L'extraction des cliques (Nous définissons qu'une clique est un sous graphe complet maximal, complet c.-à-d. chaque paire de nœuds distincts est connectée par un arc, et maximal signifie que la clique n'est pas strictement contenue dans un sous graphe qui forme les nœuds du future graphe. La génération de l'arbre des cliques ou de jonction : L'arbre de

26

jonction est obtenu à partir du graphe triangulé en connectant les cliques de telle façon que toutes les cliques sur le chemin entre deux cliques X et Y contiennent X ∩ Y.

3.2.1.2 L'inférence Approximative

L'inférence peut être étudiée comme la propagation de certaines observations dans un réseau. La complexité de l'inférence peut établir à des temps de calculs interdit pour des réseaux de calculs interdits pour les réseaux complexes. Il'est impossible de calculer directement la loi de probabilité d'un nœud, ou d'effectuer une inférence plus compliqué, d'où la nécessité d'introduire un nouveau type d'inférence nommée inférence approximative. Les deux les plus connus dans ces classes d'algorithme d'inférence sont l'algorithme MonteCarlo [Macky 99] et l'algorithme variation el [Jordan 01].

3.3 Apprentissage

Le problème d'apprentissage possède deux aspects qui sont l'apprentissage des paramètres sachant une structure et l'apprentissage de structure. Afin de résoudre ces problèmes, soit un réseau bayésien dynamique avec la structure S et un ensemble d'observations, les paramètres θ sont choisis pour que la probabilité soit maximisée. Ces paramètres peuvent être calculés en utilisant l'algorithme EM.

$$\hat{\theta} = \arg\max_{\theta} \left[P(Y, X \mid \theta) \right] \tag{2.23}$$

L'algorithme EM est introduit par Demplster, chaque itération de l'algorithme EM est composée de deux étapes principales qui sont une étape d'estimation (E) et une étape de maximisation (M). L'étape E consiste à estimer les probabilités d'être dans un certaine état et de faire une certaine transition à partir du modèle (θ). L'étape (M) consiste à estimer le para métrisation du modèleθ.Donc l'optimalité d'algorithme d'apprentissage est atteinte quand la probabilité des observations est maximale et la complexité de la structure est minimale. Afin de trouver le modèle optimal, il'est conseillé d'utiliser l'algorithme EM structural (SEM : Structural Expectation Maximization [Friedman98]). Cet algorithme commence avec une structure quelconque et des paramètres initiaux.

3.4 Les différentes méthodes de création d'un RBD

La création des données de RBD peut être considérée comme un problème très complexe, puisque nous devons spécifier la structure de graphe et les tables de distributions de probabilités. Afin de d'écrire ces problèmes, nous distinguons quatre cas comme il est illustrés dans le tableau suivant. Des données avec observabilité complète signifient que les variables sont toutes connues. Une observabilité partielle signifie qu'il n'est pas nécessaire de connaitre toutes les valeurs de variables. Ce cas existe dans une certaine situation où les variables ne peuvent être mesurées pour cela elles sont appelée des variables cachées. Enfin une structure inconnue désigne que l'ensemble de la topologie du réseau n'est pas connu.

Tableau.2 1 Les méthodes pour créer et déterminer la structure et les paramètres de RBD.

Structure / Observabilité	Méthode
Connue / Complète	Méthodes statistiques
Connue / Partielle	Algorithme EM ou Gradient croissant
Inconnue / Complète	Recherche dans l'espace des modèles
Inconnue / Partielle	Algorithme EM structurel

3.4.1 Structure Connue/Observation Complète

Le but d'apprentissage dans ce cas est de trouver les paramètres de chaque CPD (Conditional Probability Distribution) qui maximise la vraisemblance des données d'apprentissage. Cet apprentissage contient S séquences indépendantes, dont chacune a les valeurs observées de tous le O nœuds observable pour chaque tranche du temps T. Dans ce cas, on peut chercher les paramètres du modèle θ qui maximisent la vraisemblance d'observation Y avec l'algorithme MAP (Maximum A Posteriori).

$$l(Y \mid \theta) = P(Y \mid \theta) \qquad (2.24)$$

En utilisant l'algorithme, nous pouvons avoir le logarithme de vraisemblance suivant

$$l(Y \mid \theta) = \log(P(Y \mid \theta)) \qquad (2.25)$$

3.4.2 Structure Connue/ Observation Partielle

Dés que certaines variables sont cachées, la surface de vraisemblance devient multimodale. Pour cela, nous devons utiliser des méthodes itératives tel que l'algorithme EM (Expectation Maximization) ou l'algorithme de descente de gradient à fin de trouver le maximum locale de la fonction ML/MAP.

3.4.3   Structure inconnue/ Observation Complète

Si nous avons connu le nombre et le type de certains états, nous ne pouvons pas connaitre les relations et l'indépendance entre elles. Donc, nous devons s'intéresser à trouver une façon à apprendre la structure de RBD à partir de ces états et ces observations. Il existe de nombreuses propositions concernant l'apprentissage de structure. Ces techniques permettent de créer la structure de réseau en ajoutant ou en supprimant des arcs entre n'importe quels deux nœuds ou en inversant le sens d'un arc existant. Ces modifications doivent respecter la notion DAG du graphe. D'après [Stephenson 02], à fin d'accomplir la tâche d'apprentissage, nous avons besoin de :

❖ un algorithme de recherche pour trouver les différentes structures possibles.
❖ une métrique pour comparer les structures possibles les unes aux autres.

Les algorithmes qui traitent ces problèmes peuvent être regroupés en deux catégories d'après [Cheng 97] :

❖ une catégorie d'algorithme heuristique qui utilise les méthodes de recherche pour construire le modèle et l'évalue en utilisant les méthodes de notation. Ce processus se poursuit jusqu'à que nous concluons que la structure d'une nouvelle structure n'est pas significativement meilleure que l'ancienne.
❖ L'autre catégorie d'algorithme permet de créer la structure de réseau bayésien en analysant les relations de dépendances entre les nœuds qui sont mesurées en utilisant une sorte de critère d'indépendance conditionnelle CI.

D'après Cheng et al [Cheng 97], en comparant les deux catégories de l'algorithme, nous pouvons remarquer que les algorithmes de la première catégorie sont plus rapides que ceux de la deuxième dans le cas où le réseau est densément connecté, mais ils ne permettent pas de trouver la meilleure solution pour la majorité des modèles correspondants au processus réel de la nature heuristique de ces algorithmes. La deuxième approche nous permet d'avoir une idée sur la structure optimale lorsque les données ne sont pas nombreuses et l'hypothèse de cette structure.

3.4.4   Structure Inconnue/ Observation Incomplète

Afin d'effectuer l'apprentissage de structure à partir des données incomplète, nous pouvons utiliser l'algorithme EM. Ainsi, l'algorithme structurel (SEM) est l'un des outils le plus utilisées dans ce cas. SEM possède une étape E d'estimation similaire à celle de l'algorithme EM pour compléter les données avec les observations et la structure courante du réseau. Aussi l'étape M se déroule en deux parties, la première consiste à recalculer le maximum de vraisemblance pour déterminer les paramétrés de modèles, et la deuxième est utilisée pour évaluer toute autre structure similaire à la structure courante.

3.5 RDB et la notion temporelle de réseau bayésien

3.5.1 RBD : Outil d'analyse des séquences temporelles

Les RBD introduisent un nouveau type de nœuds dits temporels pour modéliser des variables aléatoires discrètes dépendant du temps. Les RBD généralisent les systèmes dynamiques linéaires (LDS) qui sont utilisés pour représenter les états (variables) continus, et les modèles de Markov Cachés. Ils sont modélisées de manière telle que les sorties d'un HMM de la conduite sont les entrées d'un système linéaire, comme il est présentée dans la figure suivante.

29

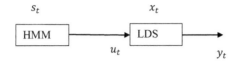

Figure.2. 2 LDS entrainée par une entrée générée par HMM.

La structure graphique d'un RBD fournit une manière simple de détailler ces indépendances conditionnelles, et fournit ainsi une para métrisation réduite du modèle. Dans un RBD, nous supposons aussi que les paramètres ne changent pas, c'est-à-dire que le modèle est invariant dans le temps. Toutefois, il est toujours possible d'ajouter des nœuds cachés supplémentaires afin de représenter le nœud courant, et de ce fait construire des mélanges de modèles pour prendre en compte des non-stationnarités périodiques. Dès que le modèle graphique comporte des variables aléatoires représentées à deux instants successifs, le RBD est appelée 2-TBN pour deux time. Aussi, Un tel modèle est introduit dans le travail de Pavlovic et al lors de reconnaissance de gestes de l'homme [Pavlovic 99].Dans [Zweig 97], Zweig et Russel ont proposé un modèle qui représente des situations dynamiques réelles. Ils ont constaté que pour créer un réseau bayésien dynamique (temporelle), il est préférable de créer un RB (un sous réseau) à chaque pas de temps afin de représenter l'évolution temporelle du processus.

3.5.2 Extension des RBs vers RBDs

Nous pouvons avoir des plusieurs manières pour étendre un réseau bayésien vers un processus temporel. Pour cela, ces extensions peuvent être classées en ces catégories :

- Identifier l'historique d'un nœud pour présenter l'aspect temporel dans le réseau bayésien.
- Choisir à partir d'une bibliothèque de réseau bayésien déjà développés récemment, cette catégorie est l'objet d'une idée [Singhal 97], dans laquelle Singhal et al réalisent des travaux sur RBDs qui consistent à utiliser un paquet RB(CORBA) développé localement et à chaque tranche de temps.
- Changer la structure de réseau statique en dynamique
- Pour chaque tranche de temps (Slice), nous répétons la structure de réseau bayésien à fin de représenter les événements.
- Ajouter les arcs entre les différents réseaux bayésiens statique d'un pas de temps à l'autre.

3.5.3 Changement dynamique de la structure des RBDs

Les changements de la structure d'un RBD peuvent être soit par le changement des paramètres de réseau pour chaque tranche de temps, ou par l'ajout ou la suppression de nœuds et des arcs à la structure de RB statique.

30

3.6Les différents types de RBD

3.6.1 HMM vers DBN

Un HMM est un cas particulier de réseau bayésien dynamique. On suppose un nœud X_t (resp Y_t) qui est une variable aléatoire dont la valeur indique l'état occupé (resp observation) au temps t. Le temps apparait de façons explicite et les flèches qui lient les X_t indiquent les dépendances et non pas les transitions entre états. Un HMM peut être représenté par le premier et le deuxième pas de temps (slice), puisque on a une répétition de la structure, ainsi que le critère de l'indépendance conditionnelle.

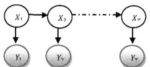

Figure.2. 3 HMM représenté comme un DBN

Dans un MMC, l'état initial est représenté par la probabilité initiale π avec $\pi(i) = P(X_1 = i)$. La matrice de transition entre les deux états X_t et X_{t-1} est représentée par la matrice A avec $A(i,j) = P(X_t = j \mid X_{t-1} = i)$. La matrice d'observation B entre l'état X_t et l'observation Y_t avec $B(i,j) = P(Y_t = j \mid X_t = i)$ .L'intérêt majeur des réseaux bayésiens dynamiques par rapport aux MMC est qu'il est très simple de créer des variantes aux MMC simplement en donnant une autre structure plus ou moins complexe au RBD. Le formalisme et les algorithmes restent les mêmes [Smyth 96]. Il est aussi possible de combiner ces modèles basés sur le filtre Kalman [Murphy 02], Ou simplement en raccrochant divers RBD entre eux et fournir ainsi des modèles plus complexes.

3.6.2 HMMs autorégressifs

C'est un RBD qu'a la même hypothèse que le HMM en ajoutant un lien entre les observations Y_t et Y_{t+1} Ce modèle permet de réduire l'effet des états X_t en permettant aussi bien a Y_{t-1} d'aider à prévoir Y_t. Ceci conduit souvent à des modèles avec une vraisemblance plus élevée. Si Y_t est discrète la CPD de Y_t peut être représentée comme une table. De plus ce modèle est connu sous le nom de HMM de corrélation [Hamilliton 90] (Figure.2.4).

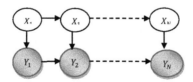

Figure.2. 4 HMM auto régressifs

3.6.3 HMM couplé

Dans un HMM couplé, on a pour chaque nœud cachés sa propre observation, et qu'est aussi liée à d'autres variables nœuds observables ou cachés. Nous allons utiliser les CHMM (HMM couplés) pour coupler deux HMM, l'un appelé HMM-vertical et l'autre HMM-horizontal. Nous pouvons avoir d'autres types de couplage de HMM tel que le CHMM crée par Halouli et al [Halouli 04] et celle crée par Ghanmi [Ghanmi 12]. La Figure.2.5 suivante présente un modèle de couplage de deux HMM.

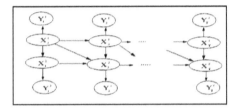

Figure.2. 5 Couplage de deux HMM

3.6.4 HMM Factorielle

HMM factorielle utilise un seul nœud observé avec un ensemble des états cachés, comme il 'est indiqué dans la figure suivante. Ce modèle est un cas particulier de RBD, donc on peut le représenter comme un simple HMM, en créant une variable X_t qui représente le produit cartésienne de tous les états. Dons la probabilité de transition de ce HMM est représentée comme celui :

$$P(X_t^1 = j_1, X_t^2 = j_2 \mid X_{t-1}^1 = i_1, X_{t-1}^2 = i_2) = P(X_t^1 = j_1 \mid X_{t-1}^1 = i_1) \times P(X_t^2 = j_2 \mid X_{t-1}^2 = i_2) \qquad (2.26)$$

Autrement dit, les coefficients de la matrice de transition dans le HMM sont calculés en multipliant les entrées de la matrice de transition pour chaque chaine de HMM factorielle.

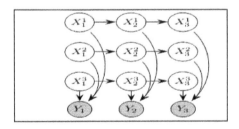

Figure.2. 6 HMM Factorielle

32

3.6.5 Modèle de chaine de Markov cachés hiérarchique (HHMM)

Le HHMM (Hierarchical Hidden Markov Model) a été propose par fine, Singer et Tishby(1999) dans le but de généraliser le modèle HMM. Le principe est de construire un processus stochastique à plusieurs niveaux en adaptant une structure en arbre pour obtenir un entrelacement de régimes. La hiérarchie de l'arbre est construite avec des états qui ne produisent pas des observations. Les états internes peuvent conduire à des états appelés des émetteurs qui produisent des observations. Les états internes peuvent aussi conduire à un troisième type d'états qui sont appelées états sortants. Chaque état interne produise un sous HMM qui peut être lui même un état un seul niveau. Le premier avantage de la HHMM par rapport au HMM réside dans cette capacité à améliorer la granularité des régions. L'approche HHMM permet de se briser une série chronologique en plusieurs types de régions. Par exemple un HHMM avec deux niveaux dispose ceux types de régimes qui sont le régime primaire et le régime secondaire, et à partir de la combinaison ces secondaires, nous pouvons déduire les primaires. La Figure.2.7 suivante présente un modèle de HHMM comme un RBD, avec Q_t^d sont les états à temps t et au niveau de hiérarchie d, F_t^d est un variable qui prend '1' si le HMM est fini et '0' sinon.

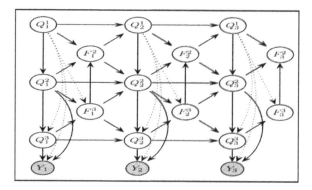

Figure.2. 7 Les 3 niveaux de HHMM

3.7 Les inconvénients d'un HMM

Les HMMs sont des modèles essentiellement monodimensionnels. Peu des travaux ont appliqué ces modèles dans le contexte de reconnaissance des signaux 2D (cas de la reconnaissance de l'écrit). Plusieurs auteurs [Halouli 02],[Halouli 04],[Khorsheed 03],[Geoffrois 04] ont recouru à l'utilisation d'une structure pseudo-2D (P2DHMM ou HMM planaire (PHMM)) ou à un champ de Markov [Masmoudi 06] pour modéliser les données bidimensionnelles. Le premier modèle est plutôt un modèle deux fois 1D alors que le second est intrinsèquement bidimensionnel. La modélisation par PHMM consiste à reporter le traitement des distorsions horizontales et verticales sur deux types de chaines de Markov. Un ensemble de chaine de Markov détermine les motifs horizontaux les plus probables tandis qu'une chaine orientée verticalement associe des états (appelés super-états) à ces motifs pour en déduire la forme complète. Les PHMM ont des propriétés d'élasticité 2D. Cependant, ils interdisent la prise en compte de la corrélation des distorsions verticales et horizontales et nécessitent une hypothèse d'indépendance entre colonnes qui n'est pas toujours vraie en pratique. Dans les modèles HMM, chaque état caché ne peut émettre qu'une seule observation. Dans un HMM généralisée, chaque état caché peut émettre une série d'observations dont la longueur est elle-même une variable aléatoire. Aussi, les modèles HMMs font l'hypothèse d'indépendance des observations par rapport aux états cachés. Or les observations issues des tracés ne sont pas indépendantes entre elles dans un voisinage qui dépasse celui du caractère. Des modèles innovants apparaissent qui tiennent compte du contexte des observations et qui permettent de dépasser les inconvénients des modèles HMM. Celles ci sont basées sur des architectures nouvelles comme les réseaux bayésiens dynamiques qui ont été utilisés dans plusieurs domaines et ont montré ces efficacités à modéliser des problèmes très complexes

4. Conclusion

Dans ce chapitre, nous avons présenté le réseau bayésien et en particulier le réseau bayésien hiérarchique, ainsi nous avons décrite les réseaux bayésiens dynamiques et leurs différents critères et surtout leur aspect temporel. En se basant sur la structure de Chaine de Markov Cachés qui est un cas particulier de RBD, nous citons quelques modèles de RBD très utilisées dans la littérature.

En fait, notre objectif est de trouver un modèle de RBD à une structure uniforme dans toutes les tranches de temps afin de disposer une base de théorique, aussi il faut que ce modèle soit efficace dans le domaine de reconnaissance de manuscrit et surtout possède une faible complexité.

Chapitre 3 : Modélisation de l'écriture arabe manuscrite par un réseau bayésien dynamique

1. Introduction

Dans ce chapitre, nous présentons une architecture de réseau bayésien dynamique RBD pour la modélisation de l'écriture arabe manuscrite hors ligne basées sur la combinaison d'un modèle de Markov Cachés et le réseau bayésien hiérarchique. Après la description de l'architecture générale du modèle adopté, nous détaillons la procédure de prétraitement. Puis, nous décrivons l'étape de segmentation. Ensuite, nous présentons la phase d'extraction des primitives qui concerne les différentes images de caractère délimité par le processus de segmentation. Enfin, nous décrivons le modèle RBD utilisé en expliquant les algorithmes d'apprentissages qui lui sont associés. Nous clôturons par l'étape de reconnaissance.

2. Architecture générale

La figure.3.1 illustre le schéma synoptique de notre système de reconnaissance d'écriture arabe manuscrite. Le système proposé traite la reconnaissance du vocabulaire de la base IFN/ENIT selon l'approche analytique. En premier lieu, la qualité de l'image à traiter est améliorée par une étape de prétraitement. Pour diminuer la complexité de reconnaissance de mots, nous proposons une phase de segmentation en des caractères. Par la suite, nous extrayons les primitives pour ces images de caractères afin de regrouper les différents vecteurs d'observations qui seront introduits dans le modèle de RBD proposé. Enfin, le schéma de notre système est complété par l'étape de reconnaissance.

35

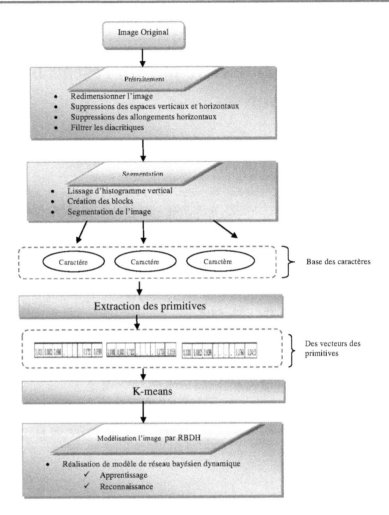

Figure.3. 1 Architecture générale de notre approche

Par la suite, nous allons détailler chaque phase.

3. Prétraitement

Afin de faciliter la tache de reconnaissance de l'écriture arabe, nous avons appliqué sur l'image de mot certains prétraitements. Ces derniers doivent tenir comptes des particularités de cette écriture. Une fois l'image est numérisée, une série de prétraitement sera appliquée et présentée dans cette section. En fait, ces prétraitements ont pour but de réduire du volume de données à manipuler.

36

3.1 Redimensionnement de taille de l'image

Les images utilisées sont des images binaires. L'opération de redimensionnement consiste à rendre l'hauteur de la boite englobant le mot traité est presque égale à l'hauteur du mot lui même afin de ne traiter que l'espace géométrique occupé par le mot. Ainsi, les nouvelles hauteurs sont approximées de telle façon que les tailles de tous les échantillons d'images d'un seul mot soient égales (voir Figure.3.2).

Figure.3. 2 Suppression des espaces entourant le mot et redimensionnement de la taille

3.2 Suppression des espaces

Dans l'écriture arabe manuscrite, nous pouvons distinguer deux types d'espaces : espaces verticaux et espaces horizontaux.

3.2.1   Suppression des espaces horizontaux

En fait, parmi les difficultés rencontrées lors de la reconnaissance de l'écriture arabe manuscrite, nous pouvons citer les espaces horizontaux présentés par les inters sous-mots. Nous avons abordé ce type de problème par la suppression de ces espaces en rendant la variabilité plus restreinte (voir Figure.3.3).

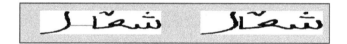

Figure.3. 3 Suppression d'espace horizontale

Nous décrivons ici un petit algorithme utilisé pour réaliser cette dernière étape

```
Img_Output= Supp_Esp_Horiz (img_Input)
Debut
Histo_Ver= Histogramme_Verticale(img_Input) ; % juste représenter l'histogramme de
projection verticale  de l'image
        Pour col=1 à taille(Histo_Ver, ind_col)  de Histo_Vercol faire
          Si col ==0 alors
          Si col+1=0 alors
             retourner (Supprimer(img_Input, col+1)) ;
          Fin si
       Fin si
     Fin pour
  Fin
```

Figure.3. 4 Algorithme de suppression espaces horizontaux

37

3.2.2 Suppression des espaces verticaux

En plus, il y a le problème des positions erronées des points diacritiques au dessous et au dessus des caractères. Pour résoudre ce problème, nous avons supprimé les espaces verticaux (Figure.3.5).

Figure.3. 5 Suppression des espaces verticaux

Le principe général de l'algorithme de suppression des espaces verticaux est décrit ci-dessous(Figure.3.6) :

```
Img_Output= Supp_Esp_Ver (img_Input)
Debut
Histo_Hor= Histogramme_horizontale(img_Input) ; % juste représenter
l 'histogramme de projection horizontale  de l'image
        Pour lig =1 à taille(Histo_Hor, ind_ligne ) faire
            Si lig ==0 alors
                Si lig+1=0 alors
retourner (Supprimer (img_Input, lig+1)) ;
                Fin si
            Fin si
        Fin pour
    Fin
```

Figure.3. 6Algorithme de suppression des espaces verticaux

3.3 Suppressions des allongements

Les allongements horizontaux et verticaux appelés aussi ligatures permettent de mettre en évidence les propriétés structurelles des caractères et des mots à cause de leurs longueurs variables, ce qui résulte une variabilité intra-mots. Pour réduire cette variabilité, nous avons supprimé les allongements horizontaux en tenant compte la présence des hampes et des jambages (voir Figure.3.7).

Figure.3. 7 Suppression d'allongement

3.4   Extraction des signes diacritiques

L'une des caractéristiques de l'écriture arabe est le signe diacritique. La présence de ces signes permet de perturber la segmentation du mot en des caractères. En effet, la présence de signes diacritiques peut diminuer la variabilité entre les images de la même classe causé par les diacritiques et donner lieu à de fausses segmentations. Pour cela, nous proposons une méthode de filtrage des diacritiques. Pour chaque classe, nous testons une valeur du pixel nommée 'P' qui doit être un paramètre d'entrée dans une fonction qui supprime de l'image désirée tous les objets connectés ayant des pixels moins que 'P'. Dans la Figure.3.8 nous présentons la suppression des diacritiques des différents mots avec des valeurs différentes de 'P' et les problèmes reliés à l'utilisation de la fonction de filtrage du diacritique avec une valeur supérieure ou inférieure à 'P.

Figure.3. 8 (a)Trois mots arabes manuscrits avec leurs signes diacritiques, (b) élimination des signes diacritiques, (c) les valeurs de pixels 'P' pour chaque mot, (d) Suppression de diacritique avec une valeur 'V' inférieure à 'P', (e) Suppression de diacritiques avec une valeur 'V' supérieure à 'P'.

4. Segmentation

Les méthodes de la segmentation sont liées à l'approche utilisée pour traiter le problème de la reconnaissance de l'écriture. L'objectif de notre approche est de réduire au maximum la complexité de l'information traitée. Pour cela, la procédure de segmentation adaptée vise à subdiviser l'image du mot en des blocks qui correspondent aux caractères arabes quelle que soit leur position dans le mot (milieu, début, fin, isolée). Lors de la segmentation, nous rencontrons des problèmes à cause de la diversité des formes de caractères, de la variabilité des liaisons entre caractères et de la présence des ligatures verticales. Afin d'obtenir, une segmentation parfaite du mot en caractères.

4.1. Projection Verticale

Lors de la diversité des formes de caractères, nous utilisons l'histogramme de la projection verticale après l'étape de prétraitement de l'image pour présenter les différentes variations des pixels. Dans la Figure.3.9, nous représentons l'image avec son histogramme de projection verticale.

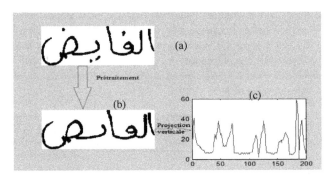

Figure.3. 9 (a) Image avant prétraitement, (b) image après prétraitement, (c) Histogramme de projection verticale.

Nous remarquons d'après l'histogramme précédent, la grande variation des pics à cause du discontinué de la ligne de l'écriture du mot manuscrit. Afin d'éliminer le bruit apparaissant dans l'histogramme, nous proposons de lisser l'histogramme par une procédure du lissage. Cette procédure est paramétrée par un paramètre du lissage appelé largeur de lissage 'W'. À partir d'histogramme lissé, nous pouvons fixer les intervalles entre les différents pics (les maximums dans l'histogramme), voici une Figure.3.10 qui explique la procédure.

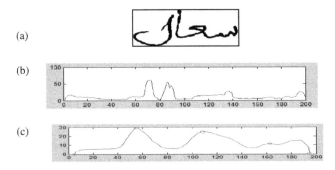

Figure.3. 10 (a) l'image après prétraitement, (b) histogramme de projection verticale, (c) histogramme lissé avec les cercles qui présentent les pics.

A partir des ces pics, nous pouvons fixer la longueur de chaque caractère en spécifiant un block de pixels limité par les valeurs de deux pics successifs. La procédure de la segmentation reste semi-automatique, puisque l'ajustement du paramètre du lissage dépend toujours des

40

testes faits sur chaque classe de mots. Ce paramètre dépend du nombre de blocks pour chaque classe, c'est-à-dire, nous testons les différentes valeurs possibles du paramètre du lissage qui nous permettent d'obtenir des histogrammes lissés adéquats où les pics construisent un nombre de blocks égale au nombre du caractère pour chaque mot arabe manuscrite. Nous présentons ci-dessous(Figure.3.11) la démarche d'ajustement du paramètre et la segmentation en caractère.

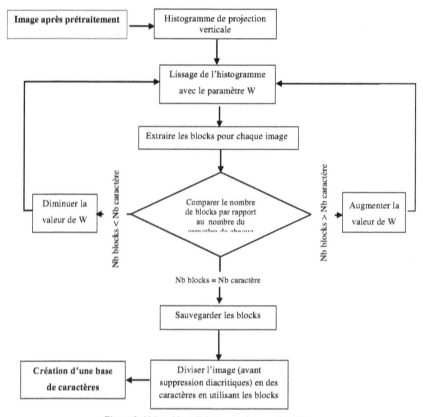

Figure.3. 11 Procédure d'ajustement du paramètre W

4.2.   Segmentation en caractère

Après, l'ajustement du paramètre de lissage pour tous les échantillons d'images de chaque mot, nous passons à construire une base de caractères. A partir d'identification des limites de chaque block, nous pouvons les appliquer sur une image avec diacritiques afin de diviser le mot en des caractères presque semblables aux caractères arabes. Dans la Figure.3.12, nous citons un exemple de segmentation des différents mots.

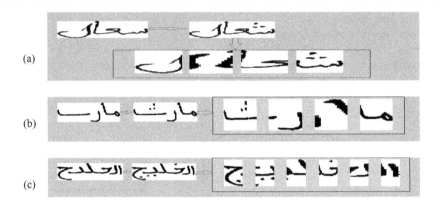

Figure.3. 12 (a), (b) et (c) exemples de segmentation en caractère.

A cause des problèmes de l'écriture arabe manuscrite telle que l'allongement des caractères, les ligatures et surtout la qualité de l'image, la segmentation automatique de mots en caractère arabe ne nous donne pas la même qualité d'images segmentées manuellement.

5. Extraction des primitives

L'étape d'extraction de primitives consiste à extraire l'information la plus discriminante pour la tache de reconnaissance. Cette étape influe fortement sur la performance du système de reconnaissance. En effet, la difficulté de cette phase provient du fait que la qualité d'une représentation ne peut se juger que sur un problème particulier, et qu'il n'existe pas une méthodologie pour la sélection d'un ensemble de primitives le plus discriminant pour un problème donné. D'autre part, la sélection des primitives les plus prometteuses pour un problème n'est pas aléatoire, mais elle dépend de la nature et de la qualité l'écriture manuscrite (variation des styles, distorsion,...). Pour cela, nous avons utilisé les propriétés statistiques de l'image présentées par les moments invariants. Ces derniers sont des descripteurs de forme qui se basent sur la totalité des pixels de l'objet. Nous citons les moments de Hu et les moments de Zernike.

5.1   Les moments invariants

5.1.1   Les moments de Hu

Les moments invariants proposés par Hu [Heutte 98] représentent une famille de primitives statistiques utilisée dans la reconnaissance de l'écriture. Ces primitives sont invariantes par translation, rotation et changement d'échelle. Les moments invariants permettent de donner une information globale de la distribution des pixels de l'image autour de son centre de gravité. Pour une fonction 2-D continue $f(x,y)$, le moment de l'ordre $(p + q)$ est défini comme suit :

$$M_{pq} = \int_{-\infty}^{+\infty} \int_{-\infty}^{+\infty} x^p \, y^q f(x,y) dx dy \qquad (3.1)$$

Pour une image en niveau de gris, nous avons des intensités de pixels $I(x,y)$ les moments M_{ij} qui sont définis comme suit :

$$M_{ij} = \sum_x \sum_y x^i y^i I(x,y) \qquad (3.2)$$

Les moments centraux μ_{ij} d'une image avec des densités des pixels $I(x,y)$ utilisent la formule suivante :

$$\mu_{ij} = \sum_x \sum_y (x-\overline{x})^i (y-\overline{y})^j I(x,y) \text{ , avec } \overline{x} = \frac{M_{10}}{M_{00}} \text{ et } \overline{y} = \frac{M_{01}}{M_{00}} \qquad (3.3)$$

Les moments η_{ij} sont obtenus en divisant le moment central correspondant par le moment μ_{00}, en utilisant la formule suivante :

$$\eta_{ij} = \frac{\mu_{ij}}{\mu_{00}^{(1+\frac{i+j}{2})}} \qquad (3.4)$$

Les moments le plus utilisés sont les 7 moments de Hu [Hu 61] qui sont présentés en fonction des moments centraux comme suit :

$$\phi(1) = \eta_{20} + \eta_{02} \qquad (3.5)$$

$$\phi(2) = (\eta_{20} - \eta_{02})^2 + (2\eta_{11})^2 \qquad (3.6)$$

$$\phi(3) = (\eta_{30} - 3\eta_{12})^2 + (3\eta_{21} - \eta_{03})^2 \qquad (3.7)$$

$$\phi(4) = (\eta_{30} + 3\eta_{12})^2 + (3\eta_{21} + \eta_{03})^2 \qquad (3.8)$$

$$\phi(5) = (\eta_{30} - 3\eta_{12})(\eta_{30} + \eta_{12})\left[(\eta_{30}+\eta_{12})^2 - 3(\eta_{21}+\eta_{03})^2\right] + (3\eta_{21}-\eta_{03})(\eta_{21}+\eta_{03})\left[3(\eta_{30}+\eta_{12})^2 - (\eta_{21}+\eta_{03})^2\right] \qquad (3.9)$$

$$\phi(6) = (\eta_{20} - \eta_{02})\left[(\eta_{30}+\eta_{12})^2 - (\eta_{21}+\eta_{03})^2\right] + 4\eta_{11}(\eta_{30}+\eta_{12})(\eta_{21}+\eta_{03}) \qquad (3.10)$$

$$\phi(7) = (3\eta_{21} - \eta_{03})(\eta_{30} + \eta_{12})\left[(\eta_{30}+\eta_{12})^2 - 3(\eta_{21}+\eta_{03})^2\right] - (\eta_{30}-3\eta_{12})(\eta_{21}+\eta_{03})\left[3(\eta_{21}+\eta_{12})^2 - (\eta_{21}+\eta_{03})^2\right] \qquad (3.11)$$

5.1.2   Les moments de Zernike

Les moments de Zernike sont utilisés dans différents domaines tel que la vision par ordinateur présentée par Teague [Teague 80], puisque il a prouvé sa supériorité sur les autres fonctions des moments [Belkasim 91]. Récemment, de nombreux chercheurs se sont penchés sur ces moments, principalement pour optimiser leur temps de calcul [Wee 07]. Les moments de Zernike sont des fonctions complexes qui constituent un ensemble de fonctions orthogonales définies sur le disque unité. Les moments de Zernike d'une image sont des nombres complexes construits par projection sur ces fonctions. Ils possèdent trois caractéristiques qui sont l'orthogonalité, l'invariance en rotation et le compactage de l'information basée sur les basses fréquences de l'image codée principalement dans les

moments de bas ordres. Ces moments sont définis avec un ordre p et une répétition q sur
$D = \{(p,q)/0 \leq p \leq \infty, |q| \leq p, |p - q| est\ pair\}$:

$$Z_{p,q} = \frac{p+1}{\pi} \int \int_{x^2+y^2 \leq 2} V_{pq}^*(x,y) f(x,y) dx dy \tag{3.12}$$

Où V_{pq}^* dénote le conjugué complexe de V_{pq}, est défini comme suit :

$$V_{pq}(\rho,\theta) = R_{pq}(\rho) e^{iq\theta} \tag{3.13}$$

et

$$R_{pq}(\rho) = \sum_{\substack{k=|q| \\ |p-k| pair}} \frac{(-1)^{\frac{p-k}{2}} \frac{p+k}{2}!}{\frac{p-k}{2}! \frac{k-q}{2}! \frac{k+q}{2}!} \rho^k \tag{3.14}$$

A partir de ces dernières équations, nous pouvons exprimer les moments de Zernike d'une
image tournée d'un angle α autour de son origine en coordonnées polaires :

$$Z_{pq}^\alpha = Z_{pq} e^{iq\alpha} \tag{3.15}$$

L'équation (3.14) prouve l'invariance en rotation du module des moments de Zernike
puisque $|Z_{pq}^\alpha| = |Z_{pq} e^{iq\alpha}|$. Grace à la propriété d'orthogonalité, la reconstruction d'une
image peut simplement être exprimée comme la somme de chaque fonction de base de
Zernike représentée par le moment correspondant :

$$\tilde{f}(x,y) = \sum_{(p,q) \in D} \sum Z_{pq} V_{pq}(x,y) \tag{3.16}$$

5.2 Vecteurs de Caractéristiques

Pour modéliser l'image du mot par un modèle de RBD, il faut préparer des vecteurs de
caractéristiques qui seront les observations à passer au RBD. En utilisant la segmentation
déjà présentée dans la section4, nous avons les images de caractères, à partir de chaque
image du caractère, nous divisons l'image du caractère en des cellules en utilisant des
fenêtres glissantes uniformes verticales et horizontales. Chaque caractère est divisé en trois
bandes verticales uniformes, ainsi chaque fenêtre en deux bandes horizontales, et par la suite
nous extrairons un vecteur des caractéristiques qui contient les moments statistiques de
chaque cellule. Dans la Figure.3.13 nous représentons un exemple d'extraction des
caractéristiques.

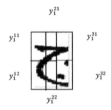

Figure.3. 13Séquence d'observation pour un caractère.

44

Donc pour chaque caractère, nous obtenons une matrice de 6 lignes et 17 colonnes qui sont les 7 moments de Hu et les 10 moments de Zernike, par la suite, nous répétons la même démarche pour les autres caractères jusqu'à parcourir de droite à gauche tous les caractères d'un mot arabe manuscrite.

5.3 Discrétisation des observations

Comme le RBD utilise les données discrètes, nous devons construire un dictionnaire de donnée qui contient un nombre fixe de vecteurs de différents types de données présents dans la base d'apprentissage. En effet, chaque vecteur est défini par un numéro d'ordre. Par la suite, nous pouvons remplacer le vecteur d'observation par un scalaire qui correspond à son indice dans le dictionnaire. Pour cela, nous avons utilisé la méthode de classification K-Moyenne qui permet de classifier les objets (les vecteurs d'observations) en utilisant un cluster k et suivant un critère de minimisation des distances euclidiennes. L'algorithme K-moyenne est donné ci-dessous (La Figure.3.14.) :

Algorithme : K-means
Entrée : N vecteurs d'observation noté par $O_1, O_2, \ldots \ldots, O_N$
Sortie : Une partition de K groupes $C_1, C_2, \ldots \ldots, C_K$ définis par leurs centres $W_1, W_2, \ldots \ldots, W_K$
Début
1. *Initialiser aléatoirement les centres W(0) en choisissant K vecteurs parmi le N vecteurs d'observations.*
2. *Calculer la partition initiale U(0) en utilisant l'équation :*

$$u_{ij} = \begin{cases} 1 si \left\| w_i - O_j \right\| = \max_k \left\| w_i - O_k \right\| \\ 0 \end{cases}, i = 1, \ldots, K, j = 1, \ldots, N \quad (1)$$

   En choisissant la classe ayant l'indice minimum
3. *t=1, Répéter*

   (a) *Calculer les nouveaux centres des classes en calculant les centroides des classes :*

   $$w_i = \frac{\sum_{j=1}^{N} u_{ij} o_j}{\sum_{j=1}^{N} u_{ij}}, i = 1, \ldots, K \quad (2)$$

   (b) *Calculer la partition initiale U(t) à l'aide de l'équation (1)*
   (c) *t=t+1*
      Jusqu'à $U(t) = U(t-1) et\ t \leq t_{max}$
Fin

Figure.3. 14Algorithme k-means

6. Modélisation de l'image du mot par le réseau bayésien dynamique

En partant du fait qu'une image a été décomposée en des caractères ordonnés, chaque caractère est subdivisé en des blocks et étant donné les différents jeux de primitives retenues, nous avons définis une architecture de réseau bayésien dynamique qui a comme objectif de

45

réduire la complexité des données pour cela, nous avons proposé un modèle de réseau qui combine le réseau bayésien hiérarchique et le MMC.

6.1 Représentation du modèle Réseau bayésien dynamique hiérarchique

Les modèles MMC sont identifiés par une seule observation pour chaque nœud caché, or dans un MMC généralisé, chaque état caché peut émettre une série d'observations dont la longueur est elle-même une variable aléatoire. Aussi, les modèles MMC font l'hypothèse d'indépendance des observations par rapport aux états cachés. Or les observations issues des tracés ne sont pas indépendantes entre elles dans un voisinage qui dépasse celui du caractère. A partir de HMM généralisé et les inconvénients apporté au HMM, nous pouvons inspirer un nouveau modèle de réseau bayésien dynamique qui se base aussi sur la hiérarchie de réseau bayésien hiérarchique qui a une capacité à réduire la dimension des données.

Notre objectif est qu'au lieu d'utiliser un MMC, nous construisons un RBD plus complexe en collection le MMC avec le réseau bayésien hiérarchique. Ce mariage est réalisé en ajoutant des dépendances entre les nœuds cachés de MMC et les nœuds cachés de réseau bayésien hiérarchique, comme il est présenté dans la Figure.3.15, avec les nœuds foncés sont les variables discrètes observées et les autres sont les variables discrètes cachés.

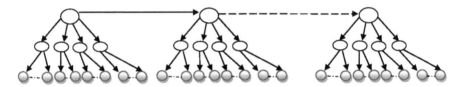

Figure.3. 15Réseau bayésien Hiérarchique Dynamique

Certains travaux en reconnaissance d'écriture manuscrite en ligne ont pour objectif de réaliser un modèle de réseau bayésien dynamique presque semblable à notre modèle, tel que le modèle élaboré par Leray et al dans les perspectives de son travail [Leray 04], comme il l'a illustré dans la Figure.3.16

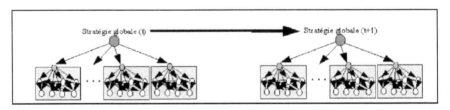

Figure.3. 16 Exemple de modèle de RBD [Leray 04]

6.2 Apprentissage

Nous étudions dans l'apprentissage deux étapes qui sont l'apprentissage de la structure et l'apprentissage du paramètre.

6.2.1 Apprentissage de la structure

6.2.1.1 Structure du Modèle

Dans notre travail, nous devons fixer une structure pour chaque mot (classe des images d'un seul mot), comme l'évolution temporelle du modèle dépend du nombre du caractère d'un mot. Cependant, pour chaque mot, nous devons fixer le nombre des nœuds cachés à chaque période de temps, et pour chaque nœud caché latent nous devons préciser le nombre d'observation. Par la suite la structure du réseau bayésien hiérarchique doit être la même pour tous les intervalles du temps. Ainsi, le choix de la structure doit se baser sur les variables suivantes :

- Le modèle construit doit avoir un nombre raisonnable de paramètres pour que la complexité de calculs reste abordable.
- Aucune variable continue ne doit avoir de fils discret afin de pouvoir appliquer l'algorithme d'inférence exacte.
- Les liens entre les variables cachées globales de chaque réseau doivent existés afin de modéliser les dépendances.

Afin de réaliser ces critères nous proposons un exemple de la structure du réseau bayésien dynamique présenté dans la Figure3.17.

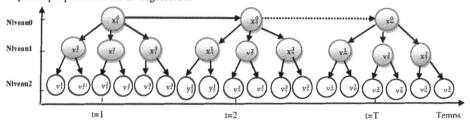

Figure.3. 17 Modèle de Réseau bayésien dynamique

6.2.1.2 Description des paramètres

Suivant la notion utilisée dans la littérature sur le MMC, on peut décrire les paramètres utilisés dans notre modèle.

Notre modèle est entièrement décrit par la donnée des paramètres suivants :

- ✓ Une matrice initiale : définie par la probabilité initiale $\pi = \{\pi_i\}, 1 \leq i \leq N$

$$\sum_{i=1}^{N} \pi_i = 1 \tag{3.17}$$

Avec N est le nombre de nœuds cachés du modèle.

✓ Une matrice de transition représentée par la probabilité de transition a_{ij} qui est la transition d'un état i vers un état j. $A = \{a_{ij}\}, 1 < i, j < N^0$

$$\sum_{j=1}^{N^0} a_{ij} = 1 \tag{3.18}$$

N^0 est le nombre des nœuds globaux (premier niveau).

✓ Une matrice de distribution de probabilité d'observation par

$$B = \{b_{j^n}(k)\}, 1 < N^0, 1 \leq n < N^1, 1 < k < M$$

$$\sum_{j=1}^{M} b_j^n(k) = 1 \tag{3.19}$$

Avec N^0 le nombre des états cachés de premier niveau, $\boldsymbol{N^1}$ le nombre des nœuds de deuxième niveau pour chaque réseau bayésien hiérarchique, M est le nombre d'observations.

Soit $X_t = \{x_t^0, x_t^1, x_t^2, \dots \dots, x_t^{N^1}\}$ est l'ensemble de nœuds cachés à l'instant t, avec $(N^1 + 1)$ est le nombre de nœuds cachés de chaque tranche de temps t. Soit

$$y_t = \{\{y_t^{11}, y_t^{12}, \dots \dots, y_t^{1M^1}\}, \{y_t^{21}, y_t^{22}, \dots \dots, y_t^{2M^2}\}, \dots \dots, \{y_t^{(N-1)1}, y_t^{(N-1)2}, \dots \dots, y_t^{(N-1)M^{(N-1)}}\}\}$$

est l'ensemble des variables observées à l'instant t, avec $\boldsymbol{M^j}$ est le nombre de nouds observées pour chaque variable latente (le niveau 2 de hiérarchie) cachés j avec $1 \leq j \leq N^1$.

Nous supposons que le processus modélisé par RBD est markovien de premier ordre et stationnaire. Donc, le modèle RBD peut être identifié par les deux premières tranches du temps. Il est décrit par les paramètres suivants :

$$\begin{cases} \pi = \{\pi_i | \pi_i = \prod_{j=1}^{n} p(x_1^j = j | x_1^0 = i), 1 \leq n \leq N^1, 1 \leq i \leq N^0\} \\ A = \{a_{ij} | a_{ij} = P(x_t^0 = j | x_{t-1}^0 = i), t \geq 2\} \\ B = \{b_j^n(k) = \prod_{h=1}^{M^n} P(y_t^{nh} = k | x_t^n = j), t \geq 1, 1 \leq n \leq N^0\} \end{cases} \tag{3.20}$$

6.2.2   Apprentissage de paramètres

Pour construire un modèle, il faut passer préalablement par une étape d'apprentissage. L'apprentissage de paramètre consiste à estimer toutes les tables de distributions des probabilités conditionnelles des variables du RBD. Pratiquement toutes les méthodes commencent par une évaluation initiale et affinent les paramètres du modèle de façon itérative jusqu'à avoir un maximum de vraisemblance.

6.2.2.1 Maximum de vraisemblance

Un mot est représenté sous forme d'une séquence de vecteurs (issus d'une extraction et discrétisation des données). La séquence d'observation

$$O = \left\{ \left\{ o_1^{11} \dots o_1^{1M^1} o_1^{21} \dots o_1^{N^1 M^{N^1}} \right\} \left\{ o_2^{11} \dots o_2^{1M^1} o_2^{21} \dots o_2^{N^1 M^{N^1}} \right\} \dots \dots \left\{ o_T^{11} \dots o_T^{1M^1} o_T^{21} \dots o_T^{N^1 M^{N^1}} \right\} \right\}$$

avec $M^j, \forall j \in [1, N^1]$ est la longueur de la suite d'observation pour chaque nœuds cachés latents(T est le nombre du tranche du temps), $(T * (1 + N^1))$ est les nombre de nœuds cachés, $(T * (N^1 * M^1))$) nombre de nœuds observées .Nous pouvons simplifier ce suite d'observation par $O = \{ O_1^1 O_1^2 O_1^3 \dots O_1^{M^1} O_2^1 \dots O_2^{M^2} \dots \dots O_T^1 \dots O_T^{M^{N^1}} \}$.

La base d'apprentissage est constituée de n classe C chaque classe contient plusieurs échantillons, à chaque échantillon nous associons un vecteur d'observation O. Soit un modèle θ définit par les triplets $= (A, B, \pi)$. La vraisemblance représente la probabilité que l'ensemble des observations soit effectué en se basant sur les valeurs de θ. A fin de trouver les paramètres du modèle, il faut faire une estimation suivant le critère du maximum de vraisemblance, donc le nouveau paramètre $\theta_{MLE} = arg \underbrace{max}_{\theta} P(Y|\theta)$.

6.2.2.2 Maximiser et Estimer les paramètres du RBD par l'algorithme EM

L'algorithme Expectation_Maximization (EM) est une technique itérative de maximisation de la loi de vraisemblance en présence de données incomplètes. Or, le but de cet algorithme est de maximiser la fonction de vraisemblance $l(\theta, y) = log\big(L(\theta, Y) = P(Y|\theta)\big)$ avec θ est le paramètre du modèle RBD et Y est la suite d'observations de ce modèles. Puisque nous avons l'ensemble des variables cachées latentes X qui est associé à l'ensemble d'observation Y qui est connu, nous avons un problème d'apprentissage avec des données incomplètes. Donc, l'idée de l'algorithme EM est de faciliter le processus d'optimisation en utilisant les données manquantes. L'algorithme EM alterne successivement deux phases décrites dans l'Annexe C. L'une de leurs propriétés est d'améliorer la vraisemblance $l(\theta, Y, X)$ des paramètres après chaque itération.

6.3 Reconnaissance

Le but principal de la modélisation avec les RBD hiérarchiques est de représenter le plus fidèlement possible et de manière assez condensée des formes, en vue de leur reconnaissance. Mais, contrairement à l'apprentissage, il y a plusieurs manières de trouver la suite optimale des états associés à une suite d'observations donnée. Le problème majeur est de définir ce que l'on entend par « optimal ». En effet, un critère possible d'optimalité peut être choisir les états à chaque instant t qui sont individuellement plus probables que d'autres. La reconnaissance peut être effectuée :

➢ Soit par la recherche du chemin optimal dans le cas d'un seul modèle pour toutes les classes. Dans ce cas, le problème consiste à trouver la suite d'états $Q = Q_1, Q_2, \dots \dots Q_T$, c'est-à-dire maximisé $P(Q|O, \theta)$. L'algorithme de Viterbi est particulièrement adapté à ce type du problème.

> Soit par recherche du modèle discriminant dans notre modèle qui possède pour chaque classe un modèle.

6.3.1 Reconnaissance Pour un modèle par classe

Puisque, notre approche consiste à faire une reconnaissance du mot à partir des caractères, pour cela il faut fixer pour chaque classe un modèle. La reconnaissance à un but d'identifier le modèle qui produit la probabilité à postériori la plus élevée étant donné la suite d'observation. Il s'agit donc d'une reconnaissance de type MAP (Maximum A posteriori).

6.3.1.1 Notion MAP

Le problème de reconnaissance en utilisant le critère du MAP peut reformulés comme suit, avec θ_i est le i ème modèle et $O = \{O_1^1 O_1^2 O_1^3 ..... O_1^{M^1} O_2^1 .... O_2^{M^2} ..... O_T^1 .... O_T^{M^{N^1}}\}$ est la suite d'observation :

$$\theta = \arg\max_i (P(\lambda_i \mid O)) = \arg\max_i \frac{P(\theta_i)P(O \mid \theta_i)}{P(O)} = \arg\max_i P(\theta_i)P(O \mid \theta_i) \qquad (3.21)$$

Si la distribution sur le modèle est uniforme, alors toutes les classes ont la même probabilité d'apparition, on peut écrire :

$$\theta = \arg\max_i P(\theta_i \mid O) = \arg\max_i P(O \mid \theta_i) \qquad (3.22)$$

Nous remarquons que le critère MAP est équivalent au critère Maximum de vraisemblance, pour cela nous utilisons le logarithme de vraisemblance (log-likelihood).

Donc, il faut calculer la probabilité de $P(O|\theta)$.

6.3.1.2 Calcul de P(O|λ)

Nous voulons calculer la probabilité $P(O|\lambda)$ pour $O = \{O_1^1 O_1^2 O_1^3 ..... O_1^{M^1} O_2^1 .... O_2^{M^2} ..... O_T^1 .... O_T^{M^{N^1}}\}$, en supposant que cette suite soit produite par le modèle $\lambda = (A, B, \pi)$. On considère toutes les suites possibles d'états.

La probabilité de la suite O est obtenue en additionnant ces probabilités conjointes pour toutes les suites possibles de Q. Par la loi des probabilités conditionnelles nous avons

$$P(O \mid \lambda) = \sum_{\forall Q} P(O \mid Q, \lambda) P(O, Q \mid \lambda) \text{ avec } P(O, Q \mid \lambda) = P(O, Q \mid \lambda) \qquad (3.23)$$

Nous pouvons remarquer que pour calculer $P(O|\lambda)$ avec cette formule, nous réalisons $2(T-1)N^T$ multiplication et $N^T - 1$ additions. Ceci donne à peu prés $2TN^T$ calculs. Pour cela nous devons chercher une meilleure solution qui diminue le coût du calcul. Nous proposons un algorithme plus efficace.

Cet algorithme se déroule sur deux procédures :

1) La première procédure : la variable forward $\alpha_t(i)$ définie par

$$\alpha_t(i) = P(O_1^1 O_1^2 O_1^3 ... O_1^{M^1} O_2^1 ... O_2^{M^2} .... O_T^1 ... O_T^{M^N}, x_t = s_i \mid \lambda) \tag{3.24}$$

➤ Cet algorithme peut être représenté comme suit :

Procédue1 Forward
Entrée : λ,O, T
Sortie : $P(O \mid \lambda)$
    1.   Initialisation

$$\alpha_1(i) = \pi_i \prod_{n=1}^{N^1} b_i^n(O_1^n), 1 < i < N$$

    2. Induction

Pour t de 2 à T-1

$$\alpha_{t+1(j)} = \left[\sum_{i=1}^{N} \alpha_t(i) a_{ij} \right] \prod_{n=1}^{N^1} b_j^n(O_{t+1}^n), 1 < j \leq N$$

Fin Pour

    3. Fin de procédure $P(O \mid \lambda) = \sum_{i=1}^{N} \alpha_T(i)$

FIN

Fin pour

Figure.3. 18 Procédure Forward

➤ La deuxième procédure : Comme on vient de la voir, le calcul de α suffit pour déterminer $P(O \mid \lambda)$. Cependant, il y a une autre variable intéressante β qui est la probabilité de la suite d'observations partielle, de la fin (T) et définie par

$$\beta_t(i) = P(O_{t+1}^1 ... O_{t+1}^{M^1} O_{t+2}^1 ... O_{t+2}^{M^2} ..... O_T^{M^N} \mid x_t = s_i, \lambda) \tag{3.25}$$

Procédure 2 Backward
Entrée : λ,O, T
Sortie : $P(O \mid \lambda)$
    1. Initialisation :
$$\beta_T(i) = 1, 1 < i < N$$
    2. Induction
        Pour t de T-1 à 1 faire

$$\beta_t(i) = \sum_{j=1}^{N} a_{ij} \prod_{n=1}^{N^1} b_j^n(O_{t+1}^n) \beta_{t+1}(j) \quad t = T-1, T-2, ... 1, \quad 1 \leq i \leq N$$

    Fin Pour
Fin

Figure.3. 19 Procédure Backward

La complexité de calcul de la probabilité est réduite en utilisant cet algorithme de complexité $O(TN^2M)$, avec N est le nombre d'états cachés pour une MMC et M le nombre d'observation pour chaque tranche du temps.

6.3.1.3   Inférence Exacte

La vraisemblance de chacun des modèles par rapport à l'échantillon est calculée à l'aide d'un algorithme d'inférence exacte en utilisant l'algorithme d'arbre de Jonction. En effet, chaque mot est associé à la classe qui donne la vraisemblance maximale. La structure de l'algorithme d'arbre de jonction est décrite ci-dessous(Figure.3.20) :

Algorithme Arbre de jonction

Entrée : DAG , Table de probabilités conditionnelles, évidence

Sortie : Table de probabilités conditionnelles

Début

1. Transformation du graphe en un arbre de jonction en appliquant
   a. Moralisation : marier les parents et désorienter le graphe
   b. Triangulation : ajout sélectif des arcs afin d'obtenir un graph triangulé.
   c. Construction des cliques
   d. Construction d'un arbre non dirigé en connectant les cliques
2. Propagation de la nouvelle information et mise à jour des distributions de probabilités.
3. Retourner table de probabilités conditionnelles.

Fin

Figure.3. 20Algorithme Arbre de Jonction

6.4 Architecture du modèle proposé

La modélisation du mot par un RBD se déroule en trois étapes qui sont l'apprentissage, la validation et la reconnaissance.

L'étape d'apprentissage a pour but de constituer le modèle du mot à partir des données de plusieurs échantillons d'images en calculant les probabilités conditionnelles associées au RBD qui possède comme entrée les vecteurs d'observation. En effet L'étape de validation consiste à ajuster les paramètres du modèle pour chaque classe. Enfin, dans l'étape de reconnaissance, les échantillons d'un mot possèdent les mêmes caractéristiques que la phase

52

d'apprentissage, par la suite nous calculons la vraisemblance de chacun de modèle et le modèle est affecté à la classe qui donne la vraisemblance maximale. La Figure.3.21 présente l'architecture générale de ce modèle.

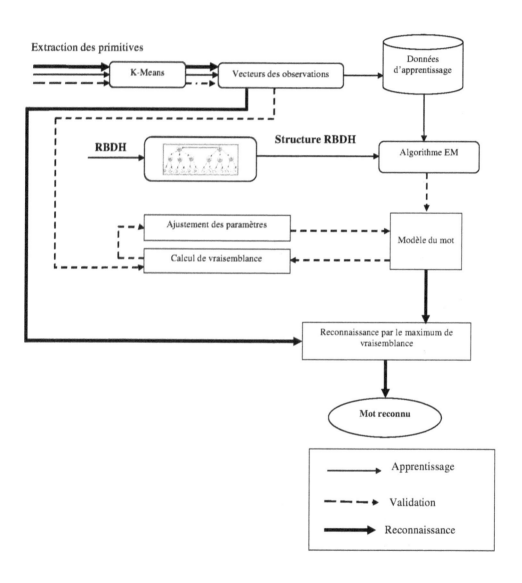

Figure.3. 21 Architecture de Modélisation d'un mot par RBDH

53

7. Conclusion

Dans ce chapitre, nous avons présenté   les étapes de prétraitement et segmentation de l'image à fin d'extraire des primitives qui seront l'entrées après la discrétisation dans un modèle de RBD. En effet, nous avons proposé un modèle de RBD hiérarchique basé horizontalement sur les chaines de Markov et verticalement sur les réseaux bayésiens hiérarchiques à deux niveaux, nous avons fini par la présentation des algorithmes d'apprentissage et de reconnaissance et l'architecture générale de la modélisation. Dans le chapitre suivant, nous testerons notre modèle sur la base des images IFN/ENIT.

Chapitre 4 : Expérimentations

1. Introduction

Le système est évalué sur la base IFN/ENIT selon le protocole expérimental proposé dans [Pechwitz 02]. Nous avons testé le modèle global développé sur un nombre réduit de lexique de la base de donnée considéré, la modélisation de l'image par le réseau bayésien dynamique se fait en utilisant le toolboxBayesNet (BNT). Les performances obtenues sont discutées au fur et à mesure de leur présentation.

Dans ce chapitre, nous commençons par décrire la base de données utilisée. Ensuite, nous décrivons la boite d'outils du Matlab. A la fin, nous présentons les différents tests que nous avons réalisés ainsi que les interprétations des résultats obtenus.

2. Base de données IFN/ENIT

Les différents tests ont été conduits sur la base de données IFN/ENIT. Cette base a été mise au point par le « laboratoire des Systèmes et Traitement du Signal (LSTS) » de l'Ecole Nationale d'Ingénieurs de Tunis (ENIT), en collaboration avec l'institut Allemand des Télécommunications. La version utilisée de la base comprend 32492 images de mots de villes tunisiennes binaires et scannées à 300 dpi. 411 scripteurs de différents âges et niveaux culturels ont participé à la collecte des données. Cette base est subdivisée en 5 sous bases, selon le nombre de mots par le nom de ville, conformément au Tableau.4.1. A chaque nom de ville, est associé son image et différentes informations afférentes (code postal, le code du mot en ISO8859-6, le nombre de mots et des caractères qui le composent, l'identité du scripteur, etc), comme il est illustrée dans le Tableau.4.2.

Tableau.4. 1 Les statiques de la base IFN/ENIT

Sous ensemble	Images	Caractères	Pseudo Mots
A	6537	51984	98298
B	6710	53682	89220
C	6477	52155	28391
D	6735	54166	29511
E	6033	54169	22640
Total	32492	257336	138060

Tableau.4. 2 Annotation dans la base IFN/ENIT

Image	زُ عَـفَـران دور
Code Postal	4261
Nom en ASCII	زودنز عفرا
Séquence en caractères	j_zaA|ع_ayB| ف_faM|ر_raE|l_aaA|ن_naA| د_daA|و_waA|j_zaA|
Ligne de base y1,y2	442, 84
Qualité de la ligne de base	B1(B1=Ok, B2=Bad)
Nombre de mots	2
Nombre de pseudo-mots	7
Nombre de caractères	9
Qualité de l'écriture	W1

Dans [Pechwitz 02], l'auteur trouve une description assez détaillée de la base IFN/ENIT. Elle a été conçue de façon à garantir une fréquence assez équilibrée des caractères qui la constituent. Par conséquent, les noms de villes formés des caractères les plus rares, sont les plus fréquentes. De ce fait, la fréquence des noms de villes est assez déséquilibrée.

3. Outil BayesNet

La bayesNettoolbox (BNT) est une boite à outils programmée par Matlab principalement par K.Murphy [Murphy 02]. C'est une bibliothèque open-source, elle gère la création, l'inférence et l'apprentissage de modèles graphiques dirigés ou non dirigés. Elle s'avère être un très bon outil pour l'utilisation des réseaux bayésiens à cause de leurs nouvelles fonctions.

3.1Modélisation

BNT met à disposition plusieurs densités de probabilités conditionnelles qui sont discret, gaussien (avec parent discret ou gaussien) et d'autres type, tel que multiplexeur, soft max, réseau de neurones. Nous pouvons aussi rajouter des Apriori de Dirichlet sur les paramètres des densités de probabilités discrètes. BNT propose aussi quelques fonctions permettant de manipuler des réseaux bayésiens étendus à titre d'exemples (les diagrammes d'influence(LIMID), les modèles graphiques temporels tels que les modèles de Markov caché (HMM), les filtres de Kalman, les réseaux bayésiens dynamique(DBN)).

3.2Apprentissage

❖ **Paramètre** : BNT permet d'estimer les paramètres d'un réseau bayésien à partir de données complètes (par maximum de vraisemblance) au maximum a posteriori ou des données incomplètes grâce à l'algorithme EM.

❖ **Structure** : Pour l'apprentissage de structure, BNT met à disposition plusieurs fonctions de score comme BIC ou le critère BDE. La recherche exhaustive dans l'espace des DAG est proposée à titre illustratif, ainsi qu'une méthode d'échantillonnage dans cet espace. Les algorithmes K2 (ordonnancement des nœuds), IC/PC (recherche de causalité) et IC*/PC* (recherche de causalité avec variable latente) sont aussi disponibles. Un package supplémentaire proposé sur le site français de BNT [site1] propose un certain nombre d'autres méthodes : MWST (arbre de recouvrement maximal), GS (recherche gloutonne), SEM (EM structurel), TANB (réseau bayésien naïf augmenté par un arbre) et les algorithmes BN-PC (recherche de causalité) et GES (recherche gloutonne dans l'espace des classes d'équivalence de Markov).

3.3 Inférence

Algorithmes d'inférence proposés, aussi bien pour des réseaux baysiens discrets, gaussiens ou mixtes (conditionnels gaussiens) :

❖ Elimination de variables ;
❖ Arbre de Jonction
❖ Quick Score pour les réseaux de type QMR
❖ algorithme de Pearl exact (pour les poly arbres) ou approché

4. Modélisation

4.1 Structure graphique du modèle

Le modèle de réseau bayésien dynamique proposé nécessite une hiérarchie au niveau de segmentation, pour cela après la segmentation de l'image du mot en caractères, nous divisons l'image du caractère en des N^1 blocks (par des bandes verticale uniforme) à fin de modéliser les nœuds latents (le deuxième niveau de hiérarchie). Le nombre de blocks N^1 est choisi de façon que les pixels de l'image soient répartis de manière équitable sur les blocks. En effet, pour que toutes les observations aient la même importance et que la densité de pixels dans chaque cellule soit significative (ne pas avoir des blocks vides par exemple), nous divisons les blocks N^1 en des cellules M^{N^1} (avec des bandes horizontaux uniformes). Pour fixer le nombre de blocks N^1 et les cellules M^{N^1}, nous faisons plusieurs découpages qui sont effectués sur l'image du caractère et à chaque fois les cellules examinées en observant les vecteurs des caractéristiques si il possède des valeurs nulles, de telle manière nous pouvons choisir pour chaque classe le nombre de block et le nombre de cellule. Le paramètre de temps dépend du nombre des caractères pour chaque mot. La plupart des classes ont la structure suivante Figure .4.1 :

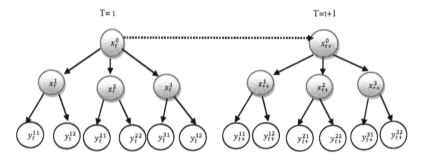

Figure.4.1 Structure du modèle de RBD

Le nœud x_t^0 correspond au caractère issu de l'étape de la segmentation, x_t^1, x_t^2 et x_t^3 sont les blocks divisés par les bandes verticales et dépendent des observations
y_t^{11} et y_t^{12} (les cellules).

4.2 Les paramètres du modèle

Selon les expériences que nous avons faites, nous avons précisé un modèle par classe quelque soit au niveau de structure, soit au niveau des paramètres du modèle. L'apprentissage du paramètre se fait de façon indépendante modèle par modèle, en utilisant l'algorithme EM. Pour chaque mot (nom de ville), nous avons construis trois parties qui sont base d'apprentissage, base de validation et base de test, à partir des échantillons d'images correspondant dans la base IFN/ENIT.

- ✓ Base d'apprentissage : contient les sous bases A et B du base IFN/ENIT, elle est utilisée pour l'apprentissage des paramètres.
- ✓ Base de la validation : utilise la sous base C pour ajuster les paramètres du modèle.
- ✓ Base du Test : utilise les sous bases D afin de tester la performance de notre modèle.

Pour chaque image de la base d'apprentissage, la séquence d'observation est obtenue suite à une étape d'extraction de primitives, nous décrivons dans la Figure.4.2 un exemple de séquence des observations

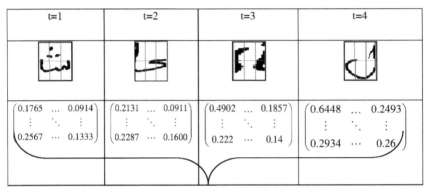

Matrice (6 × 17) de Vecteurs d'observations pour chaque

tranche du temps

Figure.4.2 Exemples de descripteurs (7 moments de hu et 10 moments de Zernike) pour chaque cellule du caractère.

La discrétisation de ces vecteurs est faite par un algorithme K-moyenne, par la suite T séquence d'observations seront introduites dans le modèle (T=4 dans le modèle du mot dans la Figure.4.2).

5. Expérimentation et résultats

Pour effectuer les tests, nous avons implémenté et vérifié notre approche sur un ensemble de classes représentant quelques noms de villes/villages tunisiennes extraits de la base de données IFN/ENIT comme illustré dans le tableau suivant (Tableau.4.3) :

Tableau.4. 3 Les classes utilisées dans les tests

Classe n°	Nom de la ville	Exemples des images	Nombre de caractères	Code postal
Classe1	شعال		4	3024
Classe2	مارث		4	6080
Classe3	زنوش		4	2116
Classe4	شماخ		4	4134
Classe5	نحال		4	6051
Classe6	الفايض		6	9112
Classe7	الرضاع		6	9174
Classe8	أكودة		5	4022
Classe9	الفحص		5	1140
Classe10	أبارسبع		9	2261
Classe11	الخليج		6	3063
Classe12	نقة		3	4283
Classe13	شتاوة صحراوي		11	2239
Classe14	سيدي إبراهيم الزهار		19	1273

Le choix de ces noms de villes se base sur le nombre des échantillons pour chaque mot dans la base d'apprentissage (les noms les plus fréquents), ainsi nous proposons des variabilités au niveau du nombre des caractères. La performance du modèle utilisé dépend de la taille de la base d'apprentissage. Nous présentons dans le Tableau.4.4 les nombres d'échantillons pour chaque classe selon les différentes bases.

Tableau.4. 4 Fréquences des noms de villes utilisées pour l'expérimentation dans la base IFN/ENIT

Classe	C1	C2	C3	C4	C5	C6	C7	C8	C9	C10	C11	C12	C13	C14
Base d'apprentissageA et B	178	160	184	186	154	176	194	175	81	157	174	168	149	176
Base de validation C	100	97	68	76	91	85	85	86	43	81	87	89	83	93
Base de test D	83	81	96	79	100	83	95	84	36	88	84	79	74	100

5.1 Test Pour le prétraitement et segmentation

Dans l'étape de prétraitement, la valeur de pixel utilisée pour la suppression des diacritiques est déterminée pour chaque classe. La Figure.4.3 présente la variation de la valeur de densité pour les différentes classes.

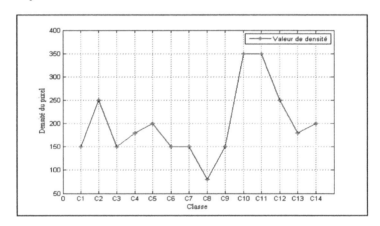

Figure.4. 3 Variation de densité par rapport à la classe

Lors de l'étape de Segmentation, nous faisons des testes sur le paramètre de lissage qui aide à éliminer le maximum de bruit dans l'histogramme verticale. Le choix de ce paramètre a pour but d'atteindre un nombre maximal d'échantillons d'une même classe qui ont le nombre de blocks segmentés égale au nombre de caractères pour chaque mot. Nous représentons dans la Figure.4.4 la variation de la valeur de lissage de l'histogramme en suivant le nombre des échantillons qui possède après la segmentation N blocks, avec N égale au nombre du caractère de la classe.

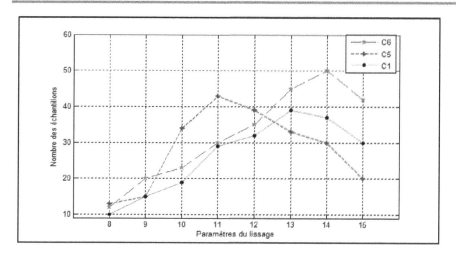

Figure.4. 4 Variation du paramétré de lissage selon le nombre des échantillons des images pour trois classes

5.2 Expérimentations

5.2.1 Détermination de la structure du modèle

Les premiers expériences consistent à trouver en utilisant la base de validation, le nombre de nœuds latents pour chaque classe, le nombre de nœuds est lié aussi à l étape de la segmentation du caractère en des blocks verticales uniformes, donc le nombre de bandes verticales uniformes utilisé lors de divisions de l'image du caractère et le nombre de nœuds cachés seront modifiés en déterminant le taux de la reconnaissance. Les expériences donnent les résultats suivants (Figure.4.5):

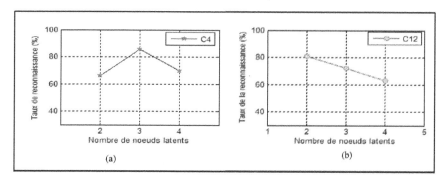

Figure.4. 5 Taux de la reconnaissance par rapport au nombre de nœuds latents : (a) de la classe C4, (b) de la classe C12

63

Pour la classe C4, nous fixons une structure du modèle qui possède trois nœuds latents et pour la classe C12 nous avons deux nœuds latents, quelque soit la classe nous avons deux nœuds observés pour chaque nœud latent.

5.2.2 Détermination de la taille optimale des états

A partir de la base de validation, le nombre d'état optimal doit être déterminé pour le modèle de chaque classe. Pour cela, nous faisons varier chaque fois le nombre d'état optimal et déterminons le taux de reconnaissance pour chaque classe. Suivant les résultats illustrés dans la Figure.4.6(a), nous remarquons que pour la classe C3 nous avons un taux de reconnaissance élevé avec Q=21, il n'y'a pas d'amélioration pour Q>21. Pour la Figure.4.6(b), la classe C4 atteint un maximum de taux de reconnaissance avec Q=13, puis le taux dévient stationnaire pour un Q>19.

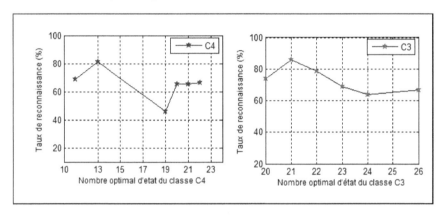

Figure.4. 6 la variation du taux de reconnaissance de classe C4 et C3 avec la variation des nombres des états

Nous déterminons le nombre optimal pour toutes les classes, les résultats sont présentés dans le Tableau.4.5.

Tableau.4. 5 Nombre optimal d'état pour chaque classe.

Classe	C1	C2	C3	C4	C5	C6	C7	C8	C9	C10	C11	C12	C13	C14
Nombre optimal d'états	10	23	13	21	13	20	11	14	13	21	13	10	20	26

Puisque nous avons utilisé l'algorithme EM pour l'apprentissage des paramètres pour chaque nombre. L'algorithme EM nécessite un nombre d'itération afin d'effectuer l'apprentissage. La figure .4.7 présente le nombre d'itération pour chaque classe.

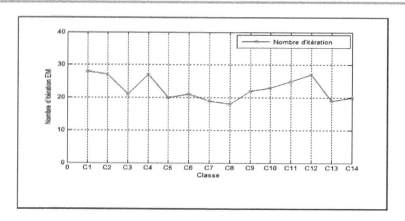

Figure.4. 7 Nombre d'itération de l'algorithme EM.

5.2.3 Détermination de la taille d'observation (Codebook size)

Le modèle de RBD utilisé pour la modélisation des mots sont de nature discrète, donc pour la discrétisation des vecteurs de descripteurs nous utilisons un algorithme K-moyenne, cet algorithme procède une variable de classification K (Codebook size) qui sera aussi utilisée comme une taille de l'observation pour chaque modèle. Pour cela, nous allons varier la taille d'observation (Codebook size) en déterminant à chaque fois le taux de reconnaissance. Les résultats de ce test pour la classe C4 sont présentés dans le Figure.4.8.

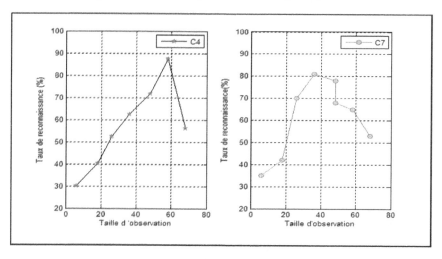

Figure.4. 8Taille d'observation par rapport au taux de reconnaissance du classe C4.

5.2.4 Performance du système

Le taux de reconnaissance pour la base d'apprentissage est réalisé par la recherche du modèle discriminant dont chaque échantillon est associé à la classe dont le modèle produit la vraisemblance maximale.

Nous représentons dans la Figure.4.10 un exemple de la vraisemblance pour deux échantillons différents (Figure.4.9)

(a)   (b)

Figure.4. 9 (a) Echantillon1, (b) Echantillon 2.

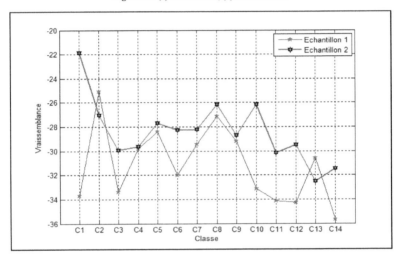

Figure.4. 10 La variation de la vraisemblance pour deux échantillons différents.

La valeur optimale de vraisemblance a apparu dans la classe C2 pour l'echantillon1, donc l'échantillon1 appartient à la classe C2('مارث') et de même pour l'echantillon2 sa valeur optimal du vraisemblance est obtenue dans la classe C1.

5.2.4.1   Performances obtenues sur la base d'apprentissage

Nous présentons d'abord les performances obtenues sur la base d'apprentissage (Tableau.4.6). Donc, nous distinguons pour chaque classe un pourcentage qui correspond au nombre des échantillons qu'ont un maximal de vraisemblance associées dans son classe par rapport au nombre des échantillons de cette classe.

66

Classe	C1	C2	C3	C4	C5	C6	C7	C8	C9	C10	C11	C12	C13	C14
Top1(%)	80.23	97.80	91.2	93.4	85.45	76.58	75.56	88.61	75.12	73.17	81.39	89.23	88.25	73.25
Top2(%)	86.12	98.12	95.8	96.7	89.17	79.18	78.78	90.7	83.14	75.45	89.12	91.45	90.2	80.56
Top3(%)	90.14	98.56	97.08	98.12	91.72	80.48	80.55	93.12	86.25	80.15	92.15	96.87	94.36	88.38

Tableau.4. 6 Taux de reconnaissance pour la classe de la base d'apprentissage

Ces taux sont généralement peu significatifs dans le cas de Top3 qui correspond à la réponse correcte parmi les 3 propositions du système. Les résultats obtenus reflètent la robustesse de la modélisation adaptée, puisque les données d'apprentissage sont suffisantes.

5.2.4.2   Performance obtenue sur la base de test

Afin d'étudier l'influence des données d'apprentissage sur les résultats, nous présentons les performances obtenues sur la base du test. Nous illustrons les résultats dans le Tableau.4.7.

Tableau.4. 7 Taux de reconnaissance pour chaque classe de la base du test

Classe %	C1	C2	C3	C4	C5	C6	C7	C8	C9	C10	C11	C12	C13	C14
Top1	68.76	64.51	75.75	71.27	75.6	68.24	70.96	73	71.58	64.35	71.5	69.58	71.25	64.3
Top2	72.5	73.87	76.05	74.23	80.45	71.75	75.47	75.4	73.9	69.45	76.3	73.25	75.12	70.14
Top3	75.35	77.25	77.88	76.14	83.78	75.88	78.23	76.25	75.26	72.6	78.58	76.58	79.03	76.47
Top4	78.86	79.48	80.12	80.27	86.36	79.56	80.14	78.12	77	78	79.58	80.4	82.58	79.58

Nous pouvons remarquer que la réponse correcte figure parmi les quatre premières propositions du système.

Nous avons distingué pour chaque classe un taux de reconnaissance global T_{g_i}, le taux moyenne correspond à la moyenne des taux globaux obtenus pour chaque classe de nom de ville $T_m = \frac{\sum T_{g_i}}{n}$ avec n le nombre des classes considérées. Dans notre cas le taux moyen est à l'ordre de **82%**.

Par ailleurs, nous constatons une différence entre le taux de reconnaissance de chaque classe. Cet écart est dû à la variation de la fréquence pour chaque nom de ville dans la base d'apprentissage ce qui confirme que le nombre d'échantillons influence sur la performance d'un système de reconnaissance. Aussi, nous pouvons remarquer que le nombre de caractères qui varient d'un nom à un autre influence sur les résultats, puisque les noms qui ont le même nombre des échantillons, leurs taux de reconnaissances sont très proches.

67

Pour établir la performance de la base de test, nous présentons les taux de confusion entre les différentes classes dans le Tableau.4.8.

Tableau.4. 8 Matrice de confusion

Classe	C1	C2	C3	C4	C5	C6	C7	C8	C9	C10	C11	C12	C13	C14
C1	78.8		7.5	12.2									1.5	
C2		79.4		6.01	3.2			4.4	6.99					
C3	7	5.4	80		7.6									
C4		3.7	10.5	80.2	5.6									
C5			6.3		86.3		2.5						4.9	
C6						79.5	10.6				9.9			
C7						11	80.		6		3			
C8						4.2		78	8.4	6.2				3.2
C9						4.2		10	77	3.4		5.4		
C10					4.2					78		6.8		11
C11						8.2	10				79.5		2.3	
C12		10.3	6.2							3.1		80.4		
C13		1.8									3.2	4.2	82	10,6
C14								1.8		6.2			13	79

5.2.4.3   Test et validation croisée

Pour vérifier la performance de notre système, nous utilisons la validation croisée.

➢ **Définition :** En générale, la base de données est divisée en deux parties disjointes. Une partie qui sert pour l'apprentissage et l'autre pour les tests de reconnaissance. Le découpage le plus courant est de deux tiers (2/3) pour l'apprentissage et le tiers (1/3) pour le test. Le principe de la validation croisée [Kohavi 95] consiste à diviser la base contenant l'ensemble des échantillons en K sous bases B_i, i=1, 2……., K disjoint et de taille équivalente. Si chaque sous base contient la même proportion d'échantillons de chaque classe que la base initiale, la validation croisée est dite stratifiée. A l'expérience i, l'apprentissage est effectué sur l'union des bases B_j, i ≠j et le test sur B_j. Les taux de la reconnaissance est alors égal à la moyenne de taux de la reconnaissance obtenue à chaque expérience. Cette méthode de validation est appelée le leave-one-out, elle donne en général la meilleure approximation du taux de reconnaissance.

➢ **Tester notre modèle avec validation croisée :** Comme la base IFN/ENIT est divisée en 4 ensembles (a,b,c et d) . Le protocole pour tester un système sur cette base est la validation croisée : entrainer sur 3 ensembles et tester sur le quatrième, dans ce cas et selon la définition de la validation croisée K=4. Si nous supposons que d'après la définition ci-dessus que B_1=a, B_2=b, B_3=c et B_4=d. Les résultats obtenus sont données dans le tableau suivant:

Tableau.4. 9 Taux de reconnaissance de la validation croisée.

Sous base d'apprentissage	Test	Taux de reconnaissance
b,c,d	a	80.9%
a,c,d	b	81.23%
a, b, d	c	80.46%
a, b, c	d	82 %
Moyenne		**81.14%**

Nous pouvons remarquer que le système de la reconnaissance est stable.

5.2.4.4   Comparaison avec d'autres travaux réalisés avec la base IFN /ENIT

Le Tableau.4.10 illustre une comparaison entre les différents travaux avec notre modèle, cette comparaison est basée sur le système utilisé et le taux de reconnaissance.

Tableau.4. 10 Tableau Comparative

Auteurs	Technique de modélisation	Base	Taux de Reconnaissance
El Hajji et al [El-Hajj 05a]	Chaine de Markov cachée (Right-left-character HMM topology)	Base a-d	75 – 85 %
Kessentini et al [Kessentini 10]	HMM multi-niveaux	Base a-d	79.6 – 86 %
El Abed 07 [El Abed 07]	HMM	Base a-d	74.69 – 89 %
Mahjoub et al [Mahjoub 12]	HMM Couplé	Base a-d	76.39%
Notre modèle	**Réseau bayésien Dynamique hiérarchique**	**Base a-d**	**81%**

Le tableau.4.10récapitule les différentes performances de reconnaissance obtenues par différentes modélisation pour la reconnaissance hors ligne. Les travaux de [El Abed 07] et [El Hajji 03] ont été testés sur la même base de données IFN/ENIT, ils ont utilisés le MMC avec des modèles des caractères basés sur l'approche analytique. Malgré le lexique réduit qui a été considéré en phase de test, nous pensons que notre taux obtenu est très encourageant, en effet l'amélioration de la qualité de segmentation permettra de tirer encore plus avantage de la modélisation analytique adaptée en enrichissant considérablement les données d'apprentissages. Nous remarquons aussi que le test de notre modèle sur quelques noms de villes est très proches, nous pouvons l'expliquer par la présence des mêmes caractères avec leur position dans des différents mots tel que 'شعال, شماخ' , 'شماخ' , 'الفايض' et 'الرضاع'. Ce qui rend l'approche analytique mieux adaptée que l'approche global, puisque elle réduit le nombre de lexique. En fait, les taux de reconnaissance de ces mots qui se ressemblent en caractères sont des taux inférieurs au taux moyen de la reconnaissance. Par contre, le système génère les taux de la reconnaissance élevés pour les noms de villes qui ont moins de confusion entre les différentes classes.

L'amélioration de la performance de notre modèle est liée à des facteurs qui sont :
  ✓ La segmentation du mot en des caractères : il est préféré d'avoir des caractères bien représentés, et pour tous les échantillons de même classe d'avoir les même caractères segmentés.
  ✓ L'extraction des primitives : augmenter le nombre de primitives en choisissant des caractéristiques liées à la ligne de base de l'écriture, et de chercher des caractéristiques variables liées aux principales caractéristiques de l'écriture arabe manuscrite.

6. Conclusion

Dans ce chapitre nous avons présenté la base des données utilisée pour les expérimentations ainsi que le Toolboox BNT utilisé pour implémenter le modèle proposé. En effet, nous avons présenté les différents résultats de l'expérimentation du modèle et nous avons illustré les performances de base d'apprentissage et de la base du test sur un corpus réduit de nom de villes/villages tunisiens extrait de la base IFN/ENIT. Les résultats obtenus montrent que la modélisation adoptée peut bien servir à surmonter les difficultés rencontrées en reconnaissance de l'écriture arabe manuscrite. Cette modélisation présente un comportement plus uniforme face à la variabilité des données de tests, du fait que l'apprentissage réalisé repose sur des modèles élémentaires de pseudo caractères qui sont beaucoup plus fréquents que les modèles de nom de villes. En fait, il est évident que la taille et la nature des données de l'apprentissage et surtout les primitives des images joue un rôle essentiel dans l'amélioration des performances du système.

Conclusion générale

Nous avons présenté dans ce travail un modèle de reconnaissance d'écriture arabe manuscrite basé sur les réseaux bayésiens dynamiques. Dans la première partie de ce travail, nous avons présenté les problèmes liés à la reconnaissance de l'écriture manuscrite arabe, ainsi que les systèmes existants et les méthodes appliquées pour la reconnaissance de l'écriture arabe. Dans la deuxième partie, nous sommes principalement intéressés à la présentation des réseaux bayésien dynamiques avec leurs propriétés et les algorithmes d'apprentissage et d'inférence. En se basant sur le principe de HMM et le modèle statique utilisé dans le travail de Jayech et al [Jayech 12], nous avons élaboré un nouveau modèle de réseau bayésien dynamique hiérarchique, pour plusieurs raisons :

- Ce modèle est proche de la structure de la segmentation du mot en caractères et le caractère en des blocks.
- La modélisation dynamique s'adapte bien avec la semi cursive de l'écriture arabe.
- Notre modèle a une grande capacité de réduire la complexité des données, d'intégrité de contexte et d'absorption de bruit.
- La reconnaissance du mot avec notre modèle n'a pas besoin de faire reconnaitre les caractères segmentés puisque le modèle est construit de façon à subir toute l'image (l'avantage de la dynamique) et non pas la concaténation des modèle du caractère (la notion du statique).

Pour l'élaboration de ce système, nous avons commencé par une étape de prétraitement de l'image, suivie par l'étape de la segmentation des mots en des caractères en utilisant l'histogramme vertical. Par la suite, L'extraction des primitives pour chaque caractère qui sont par la suite divisées de bandes verticales et horizontales, donc pour chaque caractère nous extrairons 7 moments de Hu et 10 moments de Zernike. Ces moments invariants offrent généralement des propriétés de reconstructibilité, ce qui permet de garantir qu'ils contiennent la plus grande partie de l'information incluse dans la forme étudiée. En effet, nous avons élaboré notre modèle du réseau bayésien dynamique hiérarchique. Pour cela, la construction du modèle repose sur la définition de la structure de réseau. Pour chaque classe, nous avons une structure effectuée selon les critères de segmentation en caractères et la complexité de calcul dans le graphe choisi. En fait, pour représenter le modèle, il faut déterminer les paramètres du modèle à l'aide de l'algorithme EM en utilisant la base d'apprentissage et l'ajustement des paramètres avec la base de validation.

Le modèle est testé sur un lexique de 14 classes des mots de la base IFN/ENIT dont la fréquence dépasse 300 échantillons. Le taux moyen obtenu est à l'ordre de 82%.

72

Les perspectives

Les résultats obtenus montrent la capacité de l'architecture adoptée à la reconnaissance de l'écriture arabe manuscrite. Par ailleurs, il 'existe des détails qui doivent être améliorés.

✓ Pour le prétraitement et la segmentation :

- Améliorer le prétraitement par détection des composants connexes, détection des lignes de base …
- Eliminer tous les bruits dans l'histogramme vertical à fin d'avoir le même nombre de caractères lors de la segmentation.

✓ Pour les réseaux bayésiens dynamiques :

- Trouver la meilleure structure qui représente les dépendances entre les variables. La recherche de la structure à partir des données reste un problème difficile à résoudre dans le cas d'un mélange de variables cachées. Par exemple, dans notre cas, nous pouvons faire des dépendances entre les nœuds latents pour avoir un réseau bayésien hiérarchique avec de nombre des niveaux supérieur à 3, aussi nous pouvons avoir pour des liaisons entres les nœuds latents pour chaque t.
- Déterminer les meilleures conditions initiales qui jouent un rôle important dans la phase d'apprentissage.
- Utiliser des algorithmes d'apprentissage et d'inférence qui optimisent le temps du calcul.

Annexe A : Les réseaux Bayésiens

1. Les modèles Graphiques

Les modèles graphiques portent de nombreux noms qui sont réseaux de croyance, réseau probabilistes, réseau d'indépendance probabiliste ou encore réseaux bayésiens. Il s'agit d'un formalisme pour représenter de façon factorisée une distribution jointe de probabilités sur un ensemble de variables aléatoires. Ils ont révolutionné le développement des systèmes intelligents dans de nombreux domaines.

Ils sont le mariage entre la théorie des probabilités et la théorie des graphes. Ils apportent des outils naturels permettant de traiter deux grands problèmes couramment rencontrés en intelligence artificielle, en mathématique appliqués ou en ingénierie : l'incertitude et la complexité. Ils jouent en particulier un rôle grandissant dans la conception et l'analyse d'algorithmes liées au raisonnement ou à l'apprentissage.

2. Les réseaux bayésiens

2.1. Introduction

Dans cette section, nous allons nous focaliser sur un modèle particulière de la famille des modèles graphiques : les réseaux bayésiens, qui utilisent des graphes dirigés acycliques. Le rôle des graphes dans les modèles probabilistes et statistiques est triple :

➢ Fournir un moyen efficace d'exprimer des hypothèses.
➢ donner une représentation économique des fonctions de probabilité jointe.
➢ Faciliter l'inférence à partir d'observations.

Soit un ensemble U de variables aléatoires suivant une loi de Bernoulli, $U = \{x_1, x_2, \ldots, x_n\}$. Pour être stocké, la probabilité jointe $P(U)$ de cet ensemble nécessitera un tableau comprenant 2^n entrées : une taille particulièrement grande, quelque soit le système utilisé. Par contre, si nous savons que certaines variables ne dépendent en fait que d'un certain nombre d'autres variables, alors nous pouvons faire une économie substantielle en mémoire et par conséquent en temps de traitement. De telles dépendances vont nous permettre de décomposer cette très large distribution en un ensemble de distributions locales beaucoup plus petites, chacune ne s'intéressant qu'à un petit nombre de variables. Les dépendances vont aussi nous permettre de relier ces petites distributions en un grand ensemble décrivant le problème que l'on veut modéliser.

Les graphes dirigés et non dirigés sont abondamment utilisés pour faciliter une telle décomposition des connaissances. Les modèles à base de graphes non dirigés sont appelées champs de Markov et ont servi initialement à représenter des relations temporelles (ou spatiales) symétriques. Les graphes dirigés acycliques sont utilisés pour représenter des relations temporelles ou causales.

2.2.   Décomposition d'une distribution de probabilités

Le schéma de base de la décomposition des graphes dirigés acycliques peut être illustré de la façon suivante. Supposons que nous ayons une distribution P définie sur un ensemble de n variables discrètes, ordonnées arbitrairement de cette façon : $X_1, X_2, \ldots \ldots, X_n$. La règle de la chaine permet d'obtenir la décomposition suivante :

$$P(X_1, X_2, \ldots., X_n) = P(X_n | X_{n-1}, \ldots \ldots, X_2, X_1) \ldots. P(X_2 | X_1) P(X_1)$$

$$= P(X_1) \prod_{j=n}^{2} P(X_j | X_{j-1}, \ldots., X_1)$$

Supposons maintenant que les probabilités conditionnelles de certaines variables X_j ne soient pas dépendantes de tous les prédécesseurs de X_j maïs seulement de certaines d'entre eux. En d'autres termes, supposons que X_j soit indépendante de tous ses autres prédécesseurs sauf d'un certain nombre d'entre eux : ceux qui ont une influence directe sur X_j. Nous appellerons cet ensemble restreint $pa(X_j)$. Alors nous pouvons écrire :

$$P\left(X_j | X_1, \ldots., X_{j-1}\right) = P(X_j | pa(X_j))$$

et la décomposition devient alors : $P(X_1, X_2, \ldots., X_n) = \prod_j P(X_j | pa(X_j))$

Cette formule permet de simplifier énormément les informations nécessaires pour le calcul de la probabilité jointe de l'ensemble $\{X_1, \ldots., X_n\}$. Ainsi, au lieu de spécifier la probabilité de X_j conditionnellement à toutes les réalisations de ces prédécesseurs $X_1, \ldots. X_{j-1}$, seules celles qui sont conditionnées par les éléments de pa(X_j) doivent être précisées. Ces ensemble sont appelés les parents Markoviens de X_j.

2.3.   Parent Markovien

Soit $V = \{X_1, \ldots., X_n\}$ un ensemble ordonné de variables et $P(V)$ la distribution de probabilité jointe sur ces variables. Si $pa\left(X_j\right)$ est un ensemble minimal de prédécesseurs de X_j qui rendent X_j indépendant de tous ses autres prédécesseurs, alors $pa(X_j)$ sont les parents markoviens de X_j. En autre termes, $pa(X_j)$ est tout sous ensemble de $\{X_1, \ldots \ldots, X_{j-1}\}$ qui satisfait l'équation $P\left(X_j | pa(X_j)\right) = P(X_j | X_1, \ldots \ldots, X_{j-1})$. La définition des parents markoviens est fondée sur la théorique de la notion de relation modale entre des connaissances dans un réseau bayésien. En effet, il'est possible de représenter toute sorte de modalité entre les variables dans un réseau bayésien. Elles peuvent être d'ordre causal, temporel, hiérarchique.., En générale, une seule modalité est utilisée dans un même réseau et la plupart du temps, il s'agit de la causalité. Ceci permet de représenter l'influence directe d'un variable sur une autre : si il existe un arc dirigé allant d'une variable A à une variable B, alors A est une des causes possibles de B ou encore A à une influence causale directe sur B.

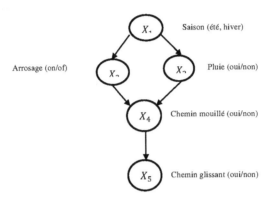

La figure ci-dessous représente un réseau bayésien simple contenant cinq variables. Il décrit parmi les saisons de l'année (X_1) si la pluie tombe (X_2), si un arrosage est en marche (X_3), si le chemin est mouillé (X_4) et si le chemin est glissant (X_5). Toutes les variables sont binaires. Par exemple, l'absence d'un arc allant de X_1 à X_5 signifie que la saison n'a pas une influence directe sur l'état glissant ou pas du chemin. En effet, en reprenant la définition du parent markoviens, le graphe de la figure ci-dessous se décompose de la façon suivante : $P(X_1, \dots \dots X_5) = P(X_1)P(X_2|X_1)P(X_3|X_1)P(X_4|X_2, X_3)P(X_5|X_4)$

2.4.   Le critère de d-séparation

Considérons trois ensembles disjoints de variables X, Y et Z représentés par trois ensembles de nœuds dans un graphe acyclique dirigé G. Pour savoir si X est indépendant de Y sachant Z dans toute distribution compatible avec G, nous avons besoin de tester si des nœuds de Y. Un chemin est une séquence consécutive d'arcs (non-dirigés) dans le graphe. Un blocage peut être vu comme un arrêt du flux d'informations entre les variables qui sont ainsi connectés. Le flux d'information est dirigé par le sens des arcs et représente le flux des causalités dans le graphe, ou l'ordre dans lequel les influences vont se propager dans le graphe. Cette propagation des influences peut être vue comme un envoi d'information d'une variable à ses variables filles.

3. Représentation des lois à l'aide de RB

On considère trois types de distribution de données qui peuvent être représentés par le RB : la loi Multinomiale, la loi Multinormale et une distribution plus générale construite avec un modèle de mélange de gaussiennes (MMG).

3.1.   RB Multinomial

Dans un RB multinomial, toutes les variables $\{x_1\}$ sont discrètes et la fonction de probabilité conditionnelle associée à chaque variable $\{x_1\}$ est une fonction multinomiale. Ce type de fonctions de probabilité est défini de manière numérique ou paramétrique à l'aide des Tableaux de Probabilité Conditionnelle (TPC). Ces tableaux indiquent les probabilités pour chacune des combinaisons possibles des valeurs prises par les variables. Par exemple, les paramètres (TPC) pour le graphe de la figure ci-dessous pourraient être ceux indiqués dans les tableaux suivants (en supposant que toutes les variables sont binaires) :

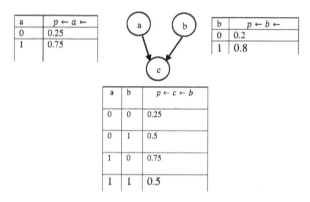

a	$p \leftarrow a \leftarrow$
0	0.25
1	0.75

b	$p \leftarrow b \leftarrow$
0	0.2
1	0.8

a	b	$p \leftarrow c \leftarrow b$
0	0	0.25
0	1	0.5
1	0	0.75
1	1	0.5

3.2.   RB Multinormal

Dans un RB gaussien ou normal, toutes les variables sont modélisées par une distribution normale $\aleph(x; \mu; \sigma)$. Ce genre de RB s'appelle également Réseau Gaussien (RG) laissant l'appellation RB pour des réseaux de variables discrètes. La loi de distribution normale est donnée par l'équation suivante :

$$f_\aleph \sim \aleph(x; \mu; \Sigma) = \frac{1}{(2\Pi)^{\frac{-d}{2}} \left|\Sigma^{\frac{1}{2}}\right|} \exp((x - \mu)^T \Sigma^{-1}(x - \mu))$$

oùμ est le vecteur moyen de dimension d, Σ est la matrice de covariance, $|\Sigma|$ le déterminant de Σ et $(x - \mu)^T$ est la transposé de$(x - \mu)$. La fonction de densité pour chaque facteur dans l'équation précédente est définie par un produit des fonctions de probabilités conditionnelle comme

$$f(x_i | pa(x_i)) \sim \aleph\left(x; \mu; \sum_{j=1}^{i=1} \beta_{i,j}(x_j - \mu_j), \sigma_i\right)$$

Où $\beta_{i,j}$ est le coefficient de régression entre x_i et ses parentsx_j.

Annexe B : Inférence dans le cas d'un arbre

L'objectifs principal des réseaux bayésiens est de calculer des probabilités conditionnelles d'événements reliés les uns aux autres par des relations cause à effet et que l'on appelle inférence. Supposons que le graphe soit constitué de n nœuds notés $X = X_1, X_2, \ldots \ldots, X_n$. Le problème général de l'inférence consiste à calculer

$$P(X_i|Y) \text{où} Y \subset X, X_i \notin Y$$

Souvent Y est l'ensemble des variables d'observation noté O. Pour calculer ces probabilités conditionnelles on peut utiliser des algorithmes d'inférence, exacte ou approchés. L'algorithme le plus utilisé est l'algorithme de l'arbre de jonction [Zweig 98] qui est similaire à l'algorithme de Baum-Welch utilisé dans les HMMs. Pour cela on transforme le réseau initial en une nouvelle structure appelée arbre de jonction. Cet arbre s'obtient en suivant les étapes suivantes :

- ✓ Moralisation : en reliant les parents entre eux et en éliminant les directions.
- ✓ Triangularisation : en ajoutant sélectivement des arcs au graphe moral (pour ne pas avoir des cycles d'ordre quatre ou plus).
- ✓ Arbre de jonction : est obtenu à partir du graphe triangulé en connectant les cliques de telle façon que toutes les cliques sur le chemin entre deux cliques X et Y contiennent $X \sqcap Y$. Sur un arbre, l'inférence se base sur le calcul de deux variables λ et π :

$$\lambda_j^i = P(O_i^0, O_i^- | X_i = j)$$

$$\pi_j^i = P(O_i^+, X_i = j)$$

Avec O_i^0 est la valeur observée de X_i est observable

O_i^- est l'ensemble des observations strictement en aval de X_i

O_i^+ est l'ensemble des observations strictement en amont de X_i

$$P(X_i = j, O) = P(O_i^0, O_i^-, O_i^+, X_i = j)$$

$$= P(O_i^+, X_i = j) \times P(O_i^0, O_i^- | X_i = j)$$

et donc $P(X_i = j|O) = \frac{\lambda_j^i \times \pi_j^i}{\sum_j \lambda_j^i \times \pi_j^i} \; \forall i$

$$P(O) = \sum_j \lambda_j^i \times \pi_j^i \; \forall i$$

Les deux variables λ et π sont analogues aux variables backward et forward α et β utilisées dans les HMMs. Ces variables se calculé de la façon suivante :

1. Calcul de λ si X_i est un nœud feuille alors $\lambda_j^i = 1 \ \forall j \ avec \ X_i = j$

   sinon$\lambda_j^i = \prod_{f \in file(x_i)} \sum_k \lambda_k^f P(X_f = k \mid X_i = j)$

2. Calcul de π si X_i est le nœud racine alors $\pi_j^i = P(X_i = j)$ sinon

$$\pi_j^i = \sum_p P(X_i = j | X_p = v)\pi_v^p \prod_{f \in file(x_i)} \sum_k \lambda_k^v P(X_v = k | X_p = v)$$

avecX_p le parent de X_i dans l'arbre. Les λ_j^i se calculent des feuilles vers la racine de l'arbre, tandis que les π_j^i se calculent de la racine vers les feuilles.

Annexe C : L'algorithme d'apprentissage EM dans les réseaux bayésiens

La méthode la plus générale de prise en compte des données incomplètes est fondée sur un algorithme de recherche itérative du modèle, inspiré de l'algorithme EM. Soit $D = (D_m)_{m=1,M}$ une base d'exemples et H un ensemble de variables cachées.

Soit

$$L \quad = \sum_m \log(P_\theta(D_m))$$

$$= \sum_m \log(\sum_h P_\theta(H = h, D_m))$$

$$= \sum_m \log(\sum_h q(h|D_m) \frac{P_\theta(H = h, D_m)}{q(h|D_m)})$$

L'algorithme EM possède des propriétés de convergence vers un maximum local dans certaines conditions. Dans le cas où de nombreuses données sont manquantes, il peut exister plusieurs maximums locaux. De plus EM fournit après convergence une valeur des paramètres et non une distribution pour ces paramètres. Sa simplicité en fait un des algorithmes les plus utilisés pour l'apprentissage dans le cas de données incomplètes. L'algorithme EM est représenté ci dessous :

Algorithme EM

Entrée : *$\theta^{(0)}$ une valeur initiale des paramètres, Y un ensemble d'observation.*

Sortie : *Un maximum $\breve{\theta}$ de la loi de vraisemblance. ϵ seuil pour la convergence de l'algorithme.*

$t \leftarrow 0$;

Initialisation du modèle $\breve{\theta}^{(0)} = \theta^{(0)}$;

Répéter

    1. (E-Step) Calcul de l'espérance conditionnelle de la vraisemblance complète :

$$Q(\theta|\breve{\theta}^{(t)}) = E_X[log(l(\theta, X, Y))|Y, \breve{\theta}^{(t)}]$$

    % Le rôle de l'espérance à postériori calculée dans la fonction précédente est de résoudre le   problème de la présence des variables cachées X.

    2. (M-Step) Maximisation de $Q(\theta|\breve{\theta}^{(t)}$:

$$\breve{\theta}^{(t+1)} = argmax_\theta Q(\theta|\breve{\theta}^{(t)})$$

$$t \leftarrow t + 1$$

Jusqu'à $\|Q(\theta|\breve{\theta}^{(t)}) - Q(\theta|\breve{\theta}^{(t-1)})\| < \epsilon$;

Fin

Bibliographie

[Amin 80]   A. Amin, A. Kaced. "Reconnaissance des caractères arabes manuscrits" . Congrès
                 AFCET Nancy : Page 35-44,1980.

[Belaid 01]   A.Belaid ."La reconnaissance automatique de l'écriture". Dossier Pour la Science,
                 page 33, 2001.

[Belaid 06]   A.Belaïd, Ch. Choisy."Human reading based strategies for off-line Arabic word
                 recognition". Summit on Arabic and Chinese Handwriting Recognition, SACH'06,
                 2006.

[Belaïd 95]   A .Belaïd."OCR Print - An Overview". In: Survey of the State of the Art in Human
                 Language Technology, R.A. Cole, J.Mariani,1995

[Belkasim 91]   S.O. Belkasim, M. Shridhar, et M. Ahmadi. "Pattern recognition with moment
                 invariants: A comparative study and new results". Pattern Recognition, 24, pages 1117
                 – 1138,1991

[Benaouareth06a] A.Benouareth, A. Ennaji, M. Sellami."Utilisation des HMMs de durée d'état explicite
                 pour la reconnaissance des mots arabes manuscrits".15emè congrès
                 francophoneAFRIF-AFIA Reconnaissance des Formes et Intelligence Artificielle,
                 Actes sur CD-ROM, Tours, 2006.

[Benoureth 06b] A. Benouareth, A. Ennaji, M. Sellami. "Semi-continuous HMMs with explicit stat
                 duration applied to Arabic handwritten word recognition". Proceedings of the
                 IWFHR'06, 10th International Workshop on Frontiers in Handwriting Recognition,
                 La Baule, France, pages 97 – 102, 2006.

[Bishop 98]   C.M. Bishop, M.E. Tipping."A hierarchical latent variable model for data
                 visualization". IEEE T-P AMI, pages281–293, 1998.

[Cheng 97]   J. Cheng, D.A. Bell, W. Liu. "Learning belief networks from data: An information
                 theory based approach". in: Proc. 6th ACM International Conference on Information
                 and Knowledge Management (CIKM-97), Las Vegas, NV, 1997

[Cho 03]   S. CHO, J. H. KIM."Bayesian Network Modeling of Hangul Characters for on-Line
                 Handwriting Recognition".Proc of the Seventh International   Conference on
                 Document Analysis and Recognition (ICDAR'03), 2003.

[Daoudi 00]   K.Daoudi, D.Fohr, C.Antoine."New Approach for multi-band speech recognition
                 based on probabilistic graphical models". In International Conference on Spooken
                 Language Processing (ICSLP), Beijing, China, 2000.

[El Abed 07]   H. El Abed, V. Margner. "The IFN/ENIT-database – a tool to develop Arabic
                 handwriting recognition systems". In IEEE International Symposium on Signal
                 Processing and its Applications (ISSPA), 2007.

[El-Hajj 05a]   R. El-Hajj, L. Likforman-Sulem, Ch. Mokbel. "Arabic Handwriting Recognition Using Baseline Dependant Features and Hidden Markov Modeling". In Proc. 8th International Conference on Document Analysis and Recognition, ICDAR'05, pages .893 – 897, 2005.

[El-Hajj 05b]   R. El-Hajj and Ch. Mokbel. "HMM-based arabic handwritten cursive recognition system". Research Trends in Science and technology RTST 05, Beyrout, 2005.

[El-Yaacoubi 02]   A.El-Yacoubi, M. Gilloux& J.-M. Bertille."A Statistical Approach for Phrase Location and Recognition within a Text Line : An Application to Street Name Recognition". IEEE Transon PAMI, vol. 24, no. 2, pages 172–188, 2002.

[Friedman 98]   N. Friedman. "The Bayesian structural EM algorithm".In Procof the 14th Conference on Uncertainty in Artificial Intelligence (UAI-98), pages 129–138, SanFrancisco, Morgan Kaufmann, 1998.

[Ghanmi 12]   N.Ghanmi. "Reconnaissance de caractères arabes manuscrits par réseau bayésien dynamiques". Mastère Système Intelligent et Communicant, Université Sousse, 2012.

[Gazzah 06]   S.Gazzah, N. Essoukri Ben Amara."Une approche a priori pour l'identification du scripteur en reconnaissance de l'écriture arabe". Colloque International Francophone sur l'Écrit et le Document (CIFED 2006), Freiberg, Suisse, 2006.

[Geoffrois 04]   E. Geoffrois, S.Chevalier, F.Prêteux. "Programmation dynamique 2D pour la reconnaissance de caractères manuscrits par champs de Markov". Reconnaissance des formes et Intelligence Artificielle, 2004.

[Hallouli 02]   K.Hallouli, L.Likforman, M.Sigelle. "A comparative study between decision fusion and fusion data in Markovian printed character recognition". In Proc. of 16th International Conference on Pattern Recognition, pages.147-150, 2002.

[Hallouli 04]   K.Hallouli, "Reconnaissance de caractères par méthodes Markovienne réseaux bayésiens dynamiques". Ph. D. Thesis, ENST France 2004.

[Hamdani 09]   M. Hamdani, H. El Abed, M. Kherallah& A.M. Alimi."Combining multiple HMMs using on-line and off-line features for off-line Arabic handwriting recognition".10th International Conference on document Analysis and Recognition (ICDAR), 2009

[Heutte 98]   L. Heutte, T. Paquet, J.V. Moreau, Y. Lecourtier& C. Olivier."A structural/statistical feature based vector for handwritten character recognition". Pattern Recognition Letters 19, pages. 629 – 641, 1998.

[Hu 61]   M.K. Hu."Pattern recognition by moment invariants".IRE, 1961

[Jayech 12]   K.Jayech, M.Mahjoub."Image Classification based on a Hierarchical Bayesian Network: application to Arabic word recognition and face recognition". JFRB, 2012.

[Jordan 01]   M.I.Jordan, Y.Weiss."Probabilistic inference in graphical models".Mit Press, Five Cambridge Center, MA 02142-1493 USA, 2001.

[Kammoun 04]   W. Kammoun ,A. Ennaji. "Reconnaissance de textes arabes à vocabulaire ouvert". 8ème colloque international francophone sur l'écrit et le document, CIFED'04, 2004.

[Kessentini 10]   Y. Kessentini, T. Paquet, A. Ben Hamadou."Off-line handwritten word recognition using multi-stream hidden Markov models". Pattern Recognition Letters 31 (1), pages. 60–70, 2010.

[Kharma 99]   R. Ward. "A new comprehensive database of handwritten arabic words, numbers, and signatures used for OCR testing". Electrical and Computer Engineering, 1999 IEEE Canadian Conference on, 2, pages.766 – 768 vol.2, 1999.

[Khorsheed 03]   Khorsheed, M.S."Recognising handwritten Arabic manuscripts using a single Hidden Markov Model". Pattern Recognition Lett. 24, pages 2235–2242, 2003.

[Kohavi 95]   R. Kohavi. "A study of cross-validation and bootstrap for accuracy estimation and model selection". The Fourteenth International Joint Conference on Artificial Intelligence, pages 1137-1145, 1995.

[Lethelier 95]   E. Lethelier, M. Leroux, M. Gilloux. "Traitement des montants numériques de cheques   postaux :   Une   méthode   de   segmentation   basée   sur   la reconnaissance". Traitement du signal, 12, 1995.

[Leray 04]   Ph.Leray, I.Zaarour, L.Heutte, B. ElEter, J. Labiche & D. Mellier. "A Bayesian Network Model for Discovering Handwriting Strategies of Primary School Children", Proceedings of 14^{ème}Congrès Francophone Reconnaissance des Formes et Intelligence Artificielle, 2004.

[Mackay 99]   D.Mackay. " An introduction Learning: Graphical Models".Pages 175-207, MIT Press.

[Mahjoub 12]   M. A. Mahjoub, N. Ghanmi, K. Jayech, N. Essoukri Ben Amara."Proposition d'un modèle de réseau bayésien dynamique appliqué à la reconnaissance de mots arabes manuscrits". Journées Francophones sur les Réseaux Bayésiens (JFRB 2012), pp. 56-62, îles Kerkennah, 11-13 mai 2012.

[Märgner 06]   V. Märgner, H. El Abed, and M. Pechwitz."Offline handwritten
 Arabic word recognition using hmm a character based approach without explicit segmentation". In Proc. CIFED, 2006.

[Märgner 07]   V. Märgner, H. El Abed. ICDAR 2007."ArabicHandwriting Recognition Competition".9th International Conference on Document Analysis and Recognition, ICDAR'07, 2007.

[Märgner 09]   V.Märgner,H.ElAbed."Arabic   Handwriting   Recognition   Competition".in   10th International Conference on Document Analysis and Recognition, ICDAR'09, pages. 1383-1387, 2009.

[Masmoudi06]   S. MasmoudiTouj."Contribution à la Reconnaissance Hors Ligne de l'Écriture Arabe Manuscrite par Modèles de Markov Cachés Planaires". Ph. D. thesis, 2006.

[Menasri08]   F. Menasri."Contributions à la reconnaissance de l'écriture arabe manuscrite".Ph.D. thesis, l'Université Paris Descartes, France, 2008.

[Menasri 08a]   F. Menasri, N. Vincent, E. Augustin, M. Cheriet."Un système de Reconnaissance de Mots Arabes Manuscrits Hors-ligne Sans Signes Diacritiques". Actes du dixième Colloque International Francophone sur l'Écrit et le Document, CIFED'08, 2008.

[Milewski 06]   R. Milewski& V. Govindaraju."Extraction of Handwritten TextfromCarbon Copy Medical Form Images". DAS06, pages 106–116, 2006.

[Mourad 10]   R.Mourad, C. Sinoquet, P. Leray. "Apprentissage de réseaux Bayésiens hiérarchiques latents pour les études d'association Pangénomiques. JFRB, 2010.

[Mozaffari 08]   S. Mozaffari, H. El Abed, V. Märgner, K. Faez&A. Amirshahi."IfN/Farsi-Database: A Database of Farsi Handwritten City Names". 11th International Conference on Frontiers in handwriting Recognition, ICFHR, 2008.

[Murphy 02]   K. Murphy."Dynamic Bayesian Networks: Representation, Inference and Learning, Dissertation". University of California, Berkeley, 2002.

[Olivier 96]   C. Olivier, H. Miled, K. Romeo, & Y. Lecourtier. "Segmentation And Coding of arabic handwritten words". ICPR96, pages. 264–268, 1996.

[Pavlovic 99]   V. Pavlovic, B. Frey &T.S. Huang."Time series classification using mixed-state dynamic Bayesian networks". IEEE CVPR, 1999

[Parisse 96]   C. Parisse."Global word shape processing in off-line recognition of handwriting".I.E.E.E.,Trans. on An. and Mach. Int., 18 (4), April 1996.

[Park 98]   H. Park, S.Lee."A Truly 2-D hidden Markov Model for off-line handwritten character recognition". Pattern Recognition, vol.31, pages.1849-1846, 1998.

[Pechwitz 02a]   M. Pechwitz, S. SnoussiMaddouri, V. Märgner& N. Ellouze."A Database of Handwritten Arabic Words". CIFED'02, 2002.

[Pechwitz 02b]   M. Pechwitz, V. Märgner. "Baseline Estimation for Arabic Handwritten".The Eighth International Workshop on Frontiers Recognition, IWFHR'02, page 479, IEEE Computer Society, 2002.

[Pechwitz 03]   M. Pechwitz, V. Maergner."HMM based approach for handwritten Arabic word recognition using the IFN/ENIT- database". Seventh International Conference on Document Analysis and Recognition, page 890. IEEE Computer Society, 2003.

[Pechwitz 06]   M. Pechwitz, V. Maergner, H. El-Abed."Comparison of Two Different Feature Sets for Offline Recognition of Handwritten Arabic Words". IWFHR'06, 2006.

[Ramdane 03]   S. Ramdane, B. Taconet& A. Zahour."Classification of forms with handwritten fields by planar hidden Markov models". Pattern Recognition, vol. 36, no. 4, pages 1045–1060, 2003.

84

[Sangho 04]   P. Sangho, J.K. Aggarwal. "A hierarchical Bayesian network for event recognition of human actions and interactions". Springer-Verlag, 2004.

[Souafi 02]   S. Souafi."Contrubition à la reconnaissance de structures des documents écrits : Approche probabilste". Ph. D thesis. INSA de LYON, 2002.

[Suen 03]   C.Y. Suen, S. Mori, S.H. Kim, C.H. Leung. "Analysis and Recognition of Asian Scripts :the State of the Art". IEEE 7 the International Conference on Document Analysis and Recognition, Edinburgh, Scotland, Pages 866-878, 2003.

[Syiam 06]   M. Syiam, T. M. Nazmy, A. E. Fahmy, H. Fathi& K. Ali."Histogram clustering and hybrid classifier for handwritten Arabic characters recognition".The 24 the IASTED International Multi-Conference SignalProcessing,Pattern Recognition and Applications, pages. 44 – 49, 2006.

[Teague 80]   M.R. Teague. "Image analysis via the general theory of moments". J. Optical Soc. Am., 1980.

[Touj 02a]   S.Touj, N. Essoukri Ben Amara, H. Amiri."Global feature extraction of off-line Arabic handwriting".IEEE International Conference on Systems, Man and Cybernetics (SMC 2002), Hammamet, Tunisie, 2002.

[Wee 07]   Ch. Wee and R. Paramesran."On the computational aspects of Zern moments". In Proc. Image and Vision Computing Journal, Vol. 25, no. 6, 2007.

[Zheng 04]   L. Zheng, A. H. Hassin, X. Tang."A new algorithm for machine printed Arabic character segmentation". Pattern Recognition Letters 25, pages. 1723–1729, 2004.

[Zweig 98]   G.Zweig."Speech Recognition with Dynamic Bayesian networks". PhD thesis, University of California, Berkeley, 1998.

La reconnaissance d'écriture manuscrite arabe reste toujours un problème ouvert. Ceci à cause des difficultés auxquelles sont confrontés les chercheurs et les développeurs, telles que la variabilité de la forme du style et l'inclinaison de l'écriture.

Compte tenu de la nature cursive et connectée de l'écriture arabe manuscrite, nous présentons à travers ce travail notre contribution aux recherches sur l'étude de la reconnaissance de l'écriture manuscrite. La contribution principale de notre travail est la proposition des solutions techniques permettant la réalisation d'un système de reconnaissance. Pour cela, nous proposons des procédures des prétraitements et de segmentation du mot en des caractères arabes. Dans ce rapport nous sommes intéressés principalement à construire un modèle de réseau bayésien dynamique pour la reconnaissance de l'écriture arabe manuscrite. Ce modèle a montré une grande robustesse à la modélisation de l'écriture cursive. Adapté à la hiérarchie du mot arabe bidimensionnel, ce modèle est basé sur un mariage entre le Modèle Markov Caché et le réseau bayésien hiérarchique. Cette structure a été fixée en se basant sur plusieurs paramètres.

Nesrine trimech est diplômée en Mastère de recherche en Systèmes Intelligents et communicants à l'école national d'ingénieur de Sousse, ingénieur en informatique (génie logiciel) à l'école national d'ingénieur de Sfax.

Actuellement occupe une poste d'ingénieur développement et recherche en .NET.

www.ingramcontent.com/pod-product-compliance
Lightning Source LLC
LaVergne TN
LVHW042340060326
832902LV00006B/295